TDAH
sem mitos

Copyright da tradução e desta edição © 2025 by Edipro Edições Profissionais Ltda.

Copyright © Richard Pink and Roxanne Pink 2024

Richard Pink and Roxanne Pink have asserted their rights to be identified as the authors of this Work in accordance with the Copyright, Designs and Patents Act 1988.

Título original: *Small Talk*. 10 ADHD lies and how to stop believing them.

Todos os direitos reservados. Nenhuma parte deste livro poderá ser reproduzida ou transmitida de qualquer forma ou por quaisquer meios, eletrônicos ou mecânicos, incluindo fotocópia, gravação ou qualquer sistema de armazenamento e recuperação de informações, sem permissão por escrito do editor.

Grafia conforme o novo Acordo Ortográfico da Língua Portuguesa.

1ª edição, 2025.

Editores: Jair Lot Vieira e Maíra Lot Vieira Micales
Coordenação editorial: Karine Moreto de Almeida
Produção editorial: Richard Sanches
Edição de textos: Marta Almeida de Sá
Assistente editorial: Thiago Santos
Preparação de texto: Aline Canejo
Revisão: Thiago de Christo
Diagramação: Mioloteca
Capa: Lumiar Design

Dados Internacionais de Catalogação na Publicação (CIP)
(Câmara Brasileira do Livro, SP, Brasil)

Pink, Richard; Pink, Roxanne.

　　TDAH sem mitos : conheça as 10 grandes mentiras nas quais as pessoas com TDAH acreditam sobre si mesmas e vire o jogo! / Richard & Roxanne Pink ; tradução Daniel Moreira Miranda. — 1. ed. — São Paulo : Edipro, 2025.

　　Título original: *Small Talk. 10 ADHD lies and how to stop believing them*
　　ISBN 978-65-5660-182-3 (impresso)
　　ISBN 978-65-5660-183-0 (e-pub)

　　1. Pessoas com transtorno de déficit de atenção com hiperatividade - Relações familiares 2. Pink, Richard 3. Pink, Roxanne, 1984 4. Transtorno de déficit de atenção com hiperatividade em adultos 5. Transtorno de déficit de atenção com hiperatividade em adultos - Aspectos psicológicos I. Pink, Roxanne. II. Título.

25-265003　　　　　　　　　　　　　　　　　　　　　CDD-616.8589

Índices para catálogo sistemático:
1. Transtorno do Déficit de Atenção com Hiperatividade : Medicina 616.8589

Cibele Maria Dias - Bibliotecária - CRB-8/9427

São Paulo: (11) 3107-7050 • Bauru: (14) 3234-4121
www.edipro.com.br • edipro@edipro.com.br
@editoraedipro　@editoraedipro

O livro é a porta que se abre para a realização do homem.
Jair Lot Vieira

RICHARD & ROXANNE PINK

TDAH
sem mitos

Conheça as 10 grandes mentiras nas quais as pessoas com TDAH acreditam sobre si mesmas e vire o jogo!

Histórias honestas de quem tem o transtorno e de quem convive com ele

Tradução
Daniel Moreira Miranda

SUMÁRIO

O livro que quase não existiu 7

Coescrevendo um livro junto à minha esposa que tem TDAH 13

Conversa-fiada: dez mitos relacionados ao TDAH 19

Mito relacionado ao TDAH #1: Eu sou preguiçoso 22

Mito relacionado ao TDAH #2: Eu não estou me esforçando
o suficiente 38

Mito relacionado ao TDAH #3: Eu largo tudo o que começo 55

Mito relacionado ao TDAH #4: Eu sou burro 73

Mito relacionado ao TDAH #5: Não existe TDAH. Sou apenas
uma pessoa ruim 89

Mito relacionado ao TDAH #6: Todo mundo me odeia secretamente 108

Mito relacionado ao TDAH #7: Eu sou inútil 127

Mito relacionado ao TDAH #8: Eu sou um fardo 147

Mito relacionado ao TDAH #9: Eu sou um fracasso 164

Mito relacionado ao TDAH #10: O mundo seria melhor sem mim 180

Um último ponto: a verdade sobre o TDAH.................................... 195

Manifesto da conversa séria... 197

Agradecimentos 199

Vocabulário do TDAH 201

Referências e notas... 204

Sobre os autores.. 206

O LIVRO QUE QUASE NÃO EXISTIU

Escrito por Rox

Oi! Meu nome é Rox. Na internet, as pessoas me conhecem como *ADHD wife* [a "esposa com TDAH"].

Muito antes disso, porém, eu tinha outro nome — um nome pouco lisonjeiro que me atribuí em algum momento entre quase ser expulsa da universidade e abandonar meu primeiro emprego como estagiária de contabilidade. Ressalto a importância de *primeiro* aqui, pois desisti de *muitos* empregos. E também de alguns relacionamentos que tinham potencial para dar certo. Além disso, abandonei ideias de negócios promissores, vários momentos de lazer bacanas e, até mesmo, o primeiro rascunho deste livro...

O original dele estava encantador, repleto de conselhos sobre como prosperar com o TDAH. Já havíamos investido cinquenta horas de pesquisa, escrito três capítulos e vislumbrado um milhão de ideias para a capa quando decidi recomeçar do zero. Seria bem complicado explicar ao Rich (meu parceiro e coautor deste livro) que seis meses de trabalho seriam descartados por algo que parecia um capricho... Ele reagiu com sua habitual mistura de contemplação silenciosa, curiosidade e conselhos. No entanto, depois de ouvir minhas razões para a mudança de direção, ele concordou comigo.

Preciso voltar um pouco no tempo. O motivo principal de escrevermos este livro foi simplesmente... vocês. As pessoas com quem temos a sorte de estar conectados por meio das mídias sociais. Em um mundo onde essas plataformas são frequentemente usadas para dividir opiniões, encontramos uma comunidade de indivíduos que só queriam sentir que não estavam sozinhos em suas lutas. Pessoas que, pela primeira vez, puderam dizer: "Olha só... então, não sou só eu que sempre esqueço a roupa na secadora?". Pessoas que estavam ansiosas para descobrir que talvez não fossem seres humanos terríveis, mas, sim, alguém com um transtorno de desenvolvimento neurológico...

Enquanto eu desenvolvia melhor a ideia para o nosso segundo livro (que descanse em paz), fiz uma pergunta aos nossos seguidores no @ADHD_love_ (antigo Twitter, que agora se chama X): "Quais são as principais crenças que você tem realmente sobre si mesmo?". Minha intenção era coletar algumas informações para um capítulo inspirador sobre identidade neurodivergente. No entanto, ao começar a ler as respostas, senti um aperto no coração. As pessoas diziam coisas como:

→ *Eu sou preguiçoso.*
→ *Não estou me esforçando o suficiente.*
→ *Eu largo tudo o que começo.*
→ *Sou burro.*
→ *O TDAH não existe.*
→ *Todo mundo me odeia secretamente.*
→ *Sou inútil.*
→ *Sou um fardo.*
→ *Sou um fracasso.*
→ *O mundo seria melhor sem mim.*

Foram mais de 5 mil respostas, cada uma mais angustiante que a anterior. Percebi que as pessoas da nossa comunidade enfrentam um problema imenso e profundo: um nível alarmante de autodepreciação. De repente, nosso livro sobre autodisciplina neurodivergente (que vinha com dicas do tipo "use velas perfumadas para manter o foco") parecia um simples curativo em um ferimento de bala.

Para que diabos — pensei — tentar ensinar as pessoas a serem mais produtivas quando elas ABSOLUTAMENTE SE ODEIAM? A palavra sucesso perde todo o significado quando acreditamos que somos completamente indignos de amor. De que adianta ser organizada se a pessoa não se sente digna de viver?

Existem muitos livros, podcasts e artigos por aí que oferecem conselhos sobre produtividade para pessoas com TDAH. Alguns deles são incrivelmente úteis. Mas, meu Deus... Há um problema muito maior sobre o qual precisamos falar. A saber, muitas pessoas neurodivergentes convivem com crenças essencialmente tóxicas e incapacitantes. Crenças que se internalizaram tão profundamente que acabam substituindo todos os outros aspectos de suas vidas. Crenças estabelecidas por um mundo que não foi feito para os neurodivergentes. Crenças moldadas pelas palavras duras de críticos, professores e, talvez de forma ainda mais dolorosa, de pais e outros entes queridos. Crenças que, se não forem eliminadas e substituídas, definirão o restante de suas vidas.

Talvez este seja o momento certo para eu realmente ir direto ao ponto e falar sobre meu antigo nome. Aquele que, por muitos anos, usei para me definir: PERDEDORA. PREGUIÇOSA. INÚTIL.

Tudo bem! De fato, eram três nomes. Ou talvez um nome próprio com um sobrenome duplo.

Oi, meu nome é Perdedora Preguiçosa-Inútil. Muito prazer.

Já faz algum tempo que não me chamo mais por esses nomes... Mas aquelas respostas trouxeram tudo de volta à minha mente. Por muitos anos, acreditei em tantas coisas tóxicas — em crenças — sobre mim mesma... Minha narrativa interior costumava soar assim:

→ Quando eu perdia alguma coisa: *"Você é nojenta e descuidada!"*.
→ Quando eu estava atrasada para alguma coisa: *"Sua bagunceira, sem noção!"*.
→ Quando eu estava mal: *"Você é uma criança em busca de atenção!"*.
→ Quando eu desistia de algo: *"Sua fracassada de merda!"*.

Hoje em dia, chamo essa atitude de "conversa-fiada", autodepreciação, que é uma forma de falar consigo mesmo como se você não tivesse valor, perpetuando essa sensação de "ser inútil". Claro, nós, neurodivergentes, conhecemos o outro tipo de conversa-fiada... aquelas conversas rápidas e insuportáveis que devemos ter com todas as pessoas que encontramos — que podem variar de simplesmente chatas a absolutamente aterrorizantes —, apenas mais uma habilidade que não conseguimos aprender, assim como o modo de manter a limpeza ou um jeito de não se entediar com um novo hobby. Mas não se preocupe... Este livro é exatamente o oposto desse tipo de conversa-fiada. É profundo, sério, e, durante a sua leitura, provavelmente você precisará de um ou dois avisos de gatilho. Então, lá vai! Considere-se avisado(a). Nas páginas seguintes, teremos apenas conversas significativas. Falaremos sobre vícios, traumas, automutilação e relacionamentos familiares (será muito melhor do que as conversinhas sobre o clima).

Vamos voltar à horrível narrativa interior com a qual eu costumava conviver. Como expliquei em nosso primeiro livro, *Dirty Laundry* (*Roupa suja*), até meus trinta e poucos anos, eu lidava com traumas não resolvidos e um TDAH não diagnosticado — uma combinação desastrosa. Sem o vocabulário adequado para entender o que estava acontecendo comigo, a única coisa que eu conseguia fazer era me culpar. Eu era meu próprio grupo de torcedores contra mim mesma, descarregando negatividade sobre cada aspecto da minha vida em um ciclo contínuo.

Eu era alcoólatra, viciada em relacionamentos, tinha uma dívida de 40 mil libras e morava em quartos alugados. Minha única certeza era a crença de que eu nunca alcançaria nada na vida. Era tarde demais para mim! Eu era uma perdedora e uma preguiçosa inútil. Estava destinada a sentar em um bar, lamentando amargamente meu potencial desperdiçado enquanto bebia garrafas e garrafas de cerveja por anos a fio.

Mas, então, resolvi mudar a direção. Aos 34 anos, fiquei sóbria. Adoraria dizer que, um dia, eu simplesmente acordei e decidi que estava na hora de ficar bem.

Como acontece com a maioria dos viciados, porém, a decisão de mudar as coisas não foi tão simples. Primeiro, tive que chegar ao fundo do poço. Esse foi o pior momento da minha vida! Três dias de "orgia" alcoólica, o fim de um relacionamento, uma montanha de dívidas e uma imensa carga de autodepreciação.

Uma hora depois de entrar na minha primeira reunião com o grupo de recuperação, eu decretei que havia chegado ao fim o tempo em que eu era "a alegria" de qualquer festa. E ainda bem que isso aconteceu.

O primeiro ano de sobriedade foi brutal. Todas as emoções que mantive entorpecidas por toda a minha vida retornaram com força total. Enfrentei a dor de perder minha mãe, encarei minhas dívidas e a minha dificuldade de manter relacionamentos ou empregos. Eu estava profundamente envergonhada da vida que havia levado até então e não conseguia encontrar uma saída. A vida sem vinho tinto era tão insuportável para mim que eu precisei de terapia, a qual fiz nos últimos quatro anos. Foi na terapia que descobri meu TDAH (falarei mais sobre isso adiante). Esse autoconhecimento mudou TUDO.

Acontece que, mesmo sóbria, eu *ainda* sofria com a "conversa-fiada" — continuava a me ver como uma pessoa inútil. No entanto, o diagnóstico de TDAH me forçou a encarar minha vida e minhas lutas por uma perspectiva diferente. Os quatro anos após o meu diagnóstico formaram uma jornada de transformação de minhas principais crenças e me levaram a descobrir uma forma de parar de acreditar nas mentiras horríveis sobre mim mesma. Foi um processo de descoberta da minha verdade — isto é, de perceber que talvez eu não fosse a pior pessoa do mundo, mas, sim, alguém que precisava desesperadamente de mais apoio. Quando comecei a mudar a maneira como falava comigo mesma, minha vida começou a mudar consideravelmente.

Aprendi que não podemos construir uma vida gratificante enquanto nos odiamos. Nossa conversa interna atua como uma bússola, determinando se encontraremos ou não a felicidade ou, pelo menos, a aceitação. Se nossa conversa interna for tóxica, se formos mais torcedores críticos do que encorajadores, isso nos arrastará para baixo, nos levará a lugares sombrios e sabotará nossos melhores esforços para encontrar alegria. Esse mito funciona como um norte, sempre nos guiando. Então... como podemos ajustar essa bússola para que ela deixe de apontar apenas nossas falhas e nos direcione para um lugar melhor? De que modo paramos de acreditar em todas essas coisas horríveis sobre nós mesmos?

Muitas vezes, o que falta nessa bússola não é força de vontade ou um esforço extra, mas, sim, compreensão, aceitação, apoio e amor. Fico imaginando quantos de vocês se culpam por coisas que não estão sob seu controle e as quais desejam mudar enquanto o que realmente precisam é de uma xícara de chá, um abraço acolhedor e alguém que diga que vocês são extremamente importantes, que seu passado não define seu futuro e que vocês merecem ser tratados com respeito e gentileza, tanto pelos outros *quanto por si mesmos*.

Espero que este livro possa ser isto:* uma xícara de chá, um abraço acolhedor e um guia para que você consiga superar sua autodepreciação. Eu sei que é possível e que isso pode transformar sua vida.

---

* Espero também que você não considere este livro um lixo, pois seria muito frustrante, depois de termos descartado o anterior. (N.A.)

COESCREVENDO UM LIVRO JUNTO À MINHA ESPOSA QUE TEM TDAH

Por *Rich*

Escrever um livro não é nada fácil. Entretanto, escrever um livro com alguém que tem TDAH é... hummm... *interessante*.

Para mim, escrever é algo que requer simplesmente que eu encontre um tempo para isso. Meu plano para a escrita deste livro era o seguinte:

1. Escolher uma data em que ambos estivéssemos livres.
2. Cancelar quaisquer outros compromissos desse dia.
3. Garantir um fluxo constante de cafeína.
4. Fazer *brainstorming* de um capítulo.
5. Escrever o capítulo.

Seria eficiente, mas era extremamente improvável que conseguíssemos seguir esse método.

Veja bem! O método de escrita de Rox é mais ou menos assim:

1. Esperar uma explosão aleatória de energia e inspiração.
2. Começar a escrever mesmo que seja 23h30 ou mesmo que tenhamos de sair em dez minutos.

Minha necessidade de organização costumava colidir com o desejo dela de ter liberdade e criatividade. Logo depois de cancelarmos todos os nossos compromissos para escrever, na primeira vez em que fizemos isso, descobri que, no mesmo dia, Rox havia combinado de encontrar uma amiga em Londres. Assim, o "dia para escrever" estava apenas em seu "calendário mental", e não em *nosso* calendário digital compartilhado.

Ou, então, íamos de carro a algum lugar bonito para que pudéssemos nos concentrar nas anotações de um capítulo, e Rox acabava confessando que estava sem energia para trabalhar. Fomos várias vezes à loja Homebase para comprar quadros-brancos a fim de organizar os títulos dos capítulos, e Rox acabava enchendo-os de rabiscos aleatórios e de ideias para abrir uma lojinha virtual na plataforma Etsy.

Contudo, em algum momento, encontrávamos uma forma de fazer a parceria funcionar. Eu me dedicava às pesquisas e escrevia seguindo um cronograma rigoroso, enquanto Rox escrevia quando se sentia inspirada. Então, juntávamos as peças, dando *feedback* e incentivo um ao outro ao longo do processo. Tínhamos um prazo com a editora para entregar os primeiros capítulos do livro, e eu fiquei muito feliz (e talvez um pouco surpreso) por termos realmente conseguido cumprir esse prazo. Enviamos os primeiros capítulos, e a capa do livro estava sendo desenvolvida. Muito bom. Estávamos a caminho de concluir nosso segundo livro!

No dia seguinte à entrega dos nossos primeiros capítulos, no entanto, Rox entrou em nosso quarto com uma expressão de preocupação.

— Querido, preciso conversar com você sobre o livro — disse ela.

Resisti à vontade de arrancar meus cabelos quando ela começou a me dizer que não queria mais escrever o livro e que, na verdade, queria começar tudo de novo com uma ideia completamente diferente.

Internamente, minha resposta inicial foi: "Você está de brincadeira. Demoramos seis meses para escrever três capítulos. Não há tempo para isso!". Entretanto, em vez disso, eu a incentivei:

— Fale-me mais sobre isso.

Aprendi a estar "aberto a novas experiências" (expressão emprestada de nosso terapeuta) e a ouvir Rox sempre que ela demonstrava um grande entusiasmo por algo, pois frequentemente suas ideias revelavam sua genialidade.

Às vezes, como ocorre com qualquer um de nós, as ideias eram completamente absurdas. No entanto, ocasionalmente, surgiam pepitas de ouro puro. Então, com um certo nervosismo, perguntei a ela o motivo da mudança de opinião.

Com os braços agitados como uma cientista maluca, vestida de pijama e transbordando de paixão, ela começou a me apresentar a nova ideia. Era algo sobre mídias sociais, algo sobre as principais crenças, algo sobre pessoas com TDAH que se odeiam e, por fim, ela falou sobre a necessidade de reescrever tudo.

— O pior sintoma do TDAH não é o que todos nós pensamos que é! Não são as coisas perdidas, os problemas de memória, a troca de *hobby* ou a sobrecarga... Na verdade, são as crenças horríveis que temos sobre nós mesmos por vivermos com esses sintomas em um mundo que não se ajusta a nós. Precisamos escrever um livro sobre as principais crenças que impedem nossa comunidade de se desenvolver, não um livro sobre produtividade. Por favor.

É claro que pensei em dizer *não*. Eu queria fortemente manter nossa ideia original e fazer uma lista para descrever por que recomeçar não fazia sentido. No entanto, decidi não rejeitar a ideia dela por duas razões. Primeiro, porque forçar Rox a se dedicar a algo em que ela não estava mais emocionalmente empenhada seria como arrastá-la pelo asfalto. Em segundo lugar, eu conseguia vislumbrar uma magia naquela proposta (magia, não mania — embora talvez haja uma linha tênue entre os dois conceitos). A magia estava no brilho de seus olhos e nos movimentos animados de suas mãos, que demonstravam que ela acreditava que sua ideia era algo inspirador. Aquela era a *missão secundária* de todas as missões secundárias. E, sinceramente, quem sou eu para discordar de uma intuição tão convincente de alguém que tem o TDAH?

Depois de uma boa noite de sono e algum tempo para processar a ideia de descartar nossa obra sobre produtividade e começar do zero, algo me ocorreu. Uma lembrança do nosso primeiro ano juntos veio à minha mente. Ela estava se arrumando para a gravação de um videoclipe e eu ia levá-la de carro ao local da filmagem. Rox havia decidido não arrumar nada na noite anterior (o que não foi uma surpresa), então, a manhã foi uma verdadeira correria.

Ela experimentou muitas roupas, mas achava que nada ficava bom. A pilha de roupas descartadas no chão só aumentava, e seu rosto ficava cada vez mais vermelho.

— Querida, você está bem? — perguntei a ela.

— Não... — A mistura de pânico e dor em sua voz trêmula era evidente. — Sou uma idiota, uma estúpida. Por que deixei tudo para a última hora? Não dá para confiar em mim. Faço tudo errado... — E então ela começou a chorar.

A hora seguinte se transformou em uma missão de resgate, que envolveu consertar o rímel borrado pelas lágrimas e encontrar uma roupa adequada. Conseguimos resolver tudo e chegamos à gravação a tempo. A máscara neurotípica de Rox, bem moldada ao longo dos anos para ocultar suas verdadeiras emoções, entrou em ação, e as filmagens transcorreram muito bem. No entanto, eu ainda estava profundamente afetado pelo peso de suas palavras e por causa da percepção de "fracasso" que ela tinha de si mesma, apenas por não ter escolhido as roupas na noite anterior.

Depois da gravação do vídeo, resolvi conversar com ela.

— Querida, sei que você estava superfrustrada, mas a maneira como falou de si mesma esta manhã foi muito desagradável.

— Como assim?

Ela parecia realmente confusa.

— Você se chamou de estúpida e ficou se xingando.

— Ah... Isso! — Ela riu. — Isso é basicamente o que se passa em minha mente o tempo todo. Acabei dizendo em voz alta hoje.

Foi a primeira vez que ela compartilhou comigo — ou com qualquer outra pessoa — o *bullying* constante que enfrentava, a voz cruel dentro de sua cabeça. Para ela, isso era normal. Para mim, parecia horrível. Eu me senti quase nauseado ao pensar que a pessoa que eu amava, uma mulher que eu considerava gentil, afetuosa e empática, estava vivendo um ciclo constante de autoabuso mental. Precisávamos acabar com isso.

Nos anos seguintes, começamos a trabalhar juntos sua conversa interior, nos lembrando, com frequência, de que ela deveria se desculpar sempre que fosse cruel consigo mesma. Embora isso possa parecer um pouco incomum, pense assim: se alguém falasse com você dessa maneira, você esperaria um pedido de desculpas, não é?

Agora, nos referimos a esse tipo de linguagem como "conversa-fiada".

A terapia, junto a um ambiente doméstico muito acolhedor, fez com que as coisas começassem a melhorar para Rox. Sua narrativa interna passou de uma perspectiva de fracasso pessoal e de "não ser boa o suficiente" para uma postura de bondade e compaixão. Claro, uma carteira perdida ainda pode causar algum estresse, mas agora ela é capaz de dizer: "Ahhh, isso é tão frustrante... Acho que é o TDAH sendo o TDAH!", em vez de "Eu sou uma pessoa horrível e nunca faço nada certo!".

No geral, a perspectiva do TDAH possibilitou que Rox, gradualmente, começasse a superar o ódio que sentia de si mesma. Forneceu a ela um vocabulário e explicações para algumas de suas maiores dificuldades. Além disso, ela passou a fazer coisas incríveis na vida e no trabalho, atividades que antes acreditava serem impossíveis.

Todo mundo merece a liberdade de compreender que suas lutas são motivo para receber apoio, e não vergonha e julgamento. A boa notícia é que parceiros, pais e amigos podem ter um papel fundamental ao ajudar alguém com TDAH a alcançar essa liberdade.

Essa ideia causou um impacto profundo em Rox.

Ela já percorreu esse caminho. Odiou-se durante anos e sabe bem aonde o pensamento destrutivo pode levar.

É por isso que decidimos escrever este livro. Nosso objetivo não é transformar as pessoas, mas, sim, fazê-las reconhecer o quão incríveis são exatamente como são. A maior transformação que observei em Rox ocorreu quando ela aprendeu a reavaliar suas principais crenças. Nosso objetivo é ajudar você a realizar esse mesmo processo. Adeus ao livro sobre produtividade! Olá ao livro sobre "vamos derrubar essas principais crenças negativas e prejudiciais".

Quem tem a sorte de amar pessoas com TDAH provavelmente já as ouviu se referirem a si mesmas de forma negativa e percebe como a vergonha pode facilmente dominá-las. A crença de que são defeituosas, não amadas ou culpadas parece ser um estado natural. É essencial que as pessoas que as amam reflitam sobre seu verdadeiro valor, combatam o auto-bullying e as ajudem a reconstruir a autoestima que foi perdida.

Neste livro, exploramos as crenças mais tóxicas associadas ao TDAH, que chamamos de "Mitos relacionados ao TDAH". Assim como em nosso livro anterior, utilizaremos duas perspectivas: a de Rox, que conviveu com essas crenças por muitos anos e, enfim, encontrou uma maneira de transformá-las, e a minha, como alguém que a apoiou e a incentivou em cada passo do caminho. Compartilharemos nossas experiências (talvez até demais!) e mostraremos como cada um desses mitos nos impactou e como trabalhamos para superar essas crenças.

Agradeço muito por você escolher passar este tempo conosco. É um verdadeiro prazer conversar diretamente com você, e espero sinceramente que encontre apoio nas páginas deste livro.*

---

* Pode ser que este livro acabe em uma pilha de leituras futuras, mas, se você o está segurando agora, saiba que ele é resultado de uma mudança de direção inspirada pelo TDAH, por várias noites de hiperfoco e um profundo desejo de ajudar pessoas com TDAH a alcançar todo o seu potencial. (N.A.)

CONVERSA-FIADA:
DEZ MITOS RELACIONADOS AO TDAH

Escrito por Rich *e* Rox

Na psicologia popular, um mito é uma convicção profunda e inabalável a respeito de nós mesmos e do mundo ao nosso redor. Os mitos orientam nossos comportamentos, nossos pensamentos e nossas emoções. Além disso, os principais mitos podem se tornar profecias autorrealizáveis; frequentemente, apegamo-nos a eles com tanta intensidade que nossas ações, muitas vezes de forma inconsciente, acabam confirmando a veracidade dessas convicções.

Imagine alguém cuja principal crença seja "Eu mereço amor e respeito!". É mais provável que essa pessoa entre em contato com os outros de forma confiante e saiba como estabelecer limites. Ela deve ter uma bússola interna que a alerta em situações de exploração ou perigosas no âmbito emocional. Está mais propensa a perceber sinais de desrespeito em um potencial parceiro e a identificá-los de imediato como uma indicação de que deve ficar alerta. Assim, é mais provável que tome atitudes para se afastar de qualquer situação que cause profundo desconforto.

Infelizmente, o oposto também ocorre. Uma pessoa que cultiva uma crença que a leva a afirmar "Eu não sou digna de amor e respeito!" tenderá a ver a si mesma como alguém inferior aos outros e poderá gastar muito tempo e muita energia tentando provar que tem valor. Essa pessoa é mais suscetível a se envolver em relacionamentos abusivos, a ser explorada no trabalho e a não reconhecer sinais de alerta. O tratamento negativo pode lhe parecer familiar ou até mesmo justificável, como se fosse algo que ela realmente merece.

Pessoas com TDAH e AuTDAH (autismo e TDAH ao mesmo tempo) são muito mais suscetíveis a desenvolver crenças essencialmente tóxicas.[1] Há várias razões para isso:

1. O indivíduo com TDAH médio recebe 20 mil vezes mais *feedback* negativo do que as pessoas sem TDAH aos 10 anos de idade.[2]
2. Pessoas com TDAH são mais propensas a ser disciplinadas e rejeitadas pelos pais.
3. Pessoas com TDAH são mais propensas a ter problemas e ser identificadas na escola.
4. Pessoas com TDAH são mais propensas a ter dificuldades para manter amizades.
5. Pessoas com TDAH são mais propensas a ter dificuldades para manter um emprego.
6. Pessoas com TDAH são mais propensas a ter problemas com tarefas "básicas" como limpeza, gerenciamento de tempo e organização.

Neste livro, exploramos as dez crenças mais prejudiciais, que denominamos como "Dez mitos relacionados ao TDAH". Nosso objetivo é identificar essas crenças pelo que realmente são e reconhecer quais delas impactam a vida das pessoas para que deixem de acreditar nelas e adotem crenças mais positivas. Essas crenças poderão proteger e inspirar indivíduos com TDAH e seus entes queridos.

Compartilharemos histórias de nossas vidas — desde a infância e a adolescência até nosso relacionamento atual. Claro, estamos cientes de que cada experiência de TDAH é única, e não pretendemos falar por todo mundo. No entanto, esperamos que você se identifique com um pouco do que compartilhamos aqui e que possa começar a embarcar na mesma jornada de cura que empreendemos.

Os dez mitos relacionados ao TDAH que serão discutidos aqui foram extraídos diretamente de nossa comunidade. Alguns deles são particularmente difíceis de enfrentar, mas acreditamos ser essencial mergulhar de cabeça nessas conversas desafiadoras. Este é o primeiro passo para desmantelar as crenças subjacentes e iniciar o processo de recuperação.

Em outras palavras, o esforço para ser mais produtivo, gerenciar melhor o tempo e manter o foco será inútil se, no fundo, acreditarmos que somos pessoas deficientes, inúteis e horríveis. Trabalhar com base nessa perspectiva é semelhante a operar em um ambiente de punição, em vez de agir em busca de autoaceitação e cura. Tentar modificar o comportamento sem alterar as crenças principais é como construir uma casa sobre a areia — as fundações serão instáveis; independentemente do que seja edificado, basta a maré subir para que a estrutura seja arrastada. Por outro lado, uma casa erguida sobre uma base sólida pode enfrentar as tempestades da vida.

E é isto que queremos abordar neste livro: nossas principais crenças são nossa fundação. E se essas crenças forem positivas, fortes e inspiradoras, tudo o que for construído sobre elas terá uma chance maior de realmente funcionar.

Então, vamos começar. Vamos trazer cada uma dessas mentiras tóxicas relacionadas ao TDAH à tona, explorá-las em toda a sua absurda crueldade e substituí-las por algo positivo e sólido, uma fundação sobre a qual podemos começar a (re)construir.

Vamos lá? Respire fundo e vamos em frente!

Chegou o momento de reprogramar a percepção de quem você é de verdade. E lembre-se: prometemos que isso não será uma simples "conversa-fiada"!

Com amor,

Rich e Rox

MITO RELACIONADO AO TDAH #1: EU SOU PREGUIÇOSO

Escrito por Rox

Durante a maior parte da minha vida adulta, eu teria afirmado com convicção que era preguiçosa. Essa era a única palavra que resumia minha constante inércia diante das coisas que precisavam ser feitas: prazos perdidos, oportunidades desperdiçadas, tudo deixado para o último minuto, uma casa desorganizada, contas atrasadas, inúmeras tentativas malsucedidas de manter um estilo de vida saudável e um cemitério de sonhos criativos não realizados. Como um Sherlock Holmes em uma missão para perseguir a si mesmo, eu vinha reunindo provas da minha suposta preguiça desde muito jovem...

Quando eu tinha 9 anos, iniciei meu primeiro empreendimento, o *Helping Hands* [Mãos que ajudam, em tradução literal].

Criei um panfleto no Word com um logotipo verde-brilhante e um JPEG de duas mãos unidas. (O fato de eu me lembrar desse panfleto em detalhes vívidos, mas, muitas vezes, não saber por que entrei em um cômodo é muito típico!) No panfleto, fiz uma lista de tarefas com as quais eu poderia colaborar por 5 libras por hora.

→ jardinagem
→ limpeza de carros
→ limpeza da casa
→ lavagem de louça

Depois de usar dois cartuchos de tinta, comecei a distribuir meus panfletos pelo bairro. O sol brilhava, e eu estava radiante e empolgada com as novas possibilidades! Apesar de não receber nenhum telefonema nos primeiros dias, mantive a esperança. Eu tinha certeza de que alguém acabaria precisando da minha ajuda. O panfleto era bom demais para ser ignorado.

Três dias depois, recebi o primeiro telefonema.

— Olá, tudo bem? Moramos na casa número 8 e vamos viajar e ficar fora por uma semana. Gostaríamos que você cuidasse do nosso coelho, o Prince.

Meu primeiro emprego!

Antes de meus vizinhos saírem de férias, fui até a casa deles. Desci pela nossa garagem, dei dez passos virando à direita, entrei em um beco tranquilo e lá estava. A caminhada até o trabalho foi extremamente simples. Com meu bloco de notas e uma caneta em mãos, fiz anotações detalhadas sobre como cuidar do coelho, que era meio gordinho e meio fedorento, mas absolutamente adorável.

No primeiro dia, cheguei cedo, ansiosa para começar. Completei minha checklist em tempo recorde e saí me sentindo super-realizada. Eu era uma empreendedora pré-adolescente a caminho de ganhar minhas primeiras 35 libras.

No segundo dia, algo mudou. Eu não me sentia motivada a cuidar do Prince. Sabia que precisava ir, mas, de algum modo, não conseguia fazer meus pés se moverem. Estava em uma prisão que eu mesma havia construído. Deixei a tarefa para tão tarde que já estava quase na hora de dormir. Meu pai, preocupado com a possibilidade de eu deixar o coelho sem cuidados, me lembrou da minha responsabilidade de um modo severo e se ofereceu para me acompanhar. Mantive esse padrão nos cinco dias seguintes, até o retorno dos vizinhos. Extremamente aliviada pelo fato de essa tarefa terrível ter sido finalizada, encerrei imediatamente meu negócio e joguei fora o resto dos panfletos da *Helping Hands*.

Eu me senti envergonhada por me comportar assim. Não fazia sentido. Quem pede um emprego e, depois, não consegue fazer o trabalho? Achei que havia algo errado comigo. Que garota preguiçosa!

No entanto, eu não havia considerado os aspectos positivos do meu projeto, embora o trabalho tenha sido executado num curto espaço de tempo...

Não reconheci a criatividade da minha ideia original.

Não valorizei as habilidades envolvidas na criação do panfleto.

Não levei em conta o otimismo que mantive, apesar da ausência de telefonemas.

Eu só conseguia pensar que eu era preguiçosa e horrível. Tanto esforço para conseguir um emprego e, em seguida, a falta de vontade de mantê-lo! Forçar meu pai a me lembrar e fazê-lo ir comigo para garantir que eu cumprisse a tarefa... Ora, que decepção! Que perdedora eu era!

Embora eu tenha encerrado minha pequena empresa após a experiência com o coelho, o famigerado Prince, o legado da *Helping Hands* se manteve durante as três décadas seguintes da minha vida. Eu estava sempre envolvida em grandes ideias e péssimas execuções, e isso afetava tanto os meus projetos significativos — como minhas novas ideias de negócios — quanto as tarefas corriqueiras — como manter em ordem a minha pilha de roupas para lavar. Eu começava com um grande entusiasmo, acreditava sinceramente que poderia fazer o que me propunha a fazer e, com o passar do tempo, falhava miseravelmente. Quando milhares de boas intenções resultam em fracassos constantes, a única resposta para a pergunta "O que está acontecendo?" parece ser: eu sou preguiçosa. Naquela época — ainda distante do meu diagnóstico de TDAH —, nasceu a primeira mentira que eu contei a mim mesma.

Muitas vezes, pessoas com TDAH são vistas como preguiçosas por causa de suas dificuldades com tarefas simples — como lavar roupa, pagar contas ou lidar com conversas triviais. Entendo perfeitamente por que alguém neurotípico, que também detesta esses tipos de tarefas, diz algo para si mesmo como "Você é só um preguiçoso!". Afinal, quem gosta de fato de fazer essas coisas? No entanto, a luta enfrentada por quem tem TDAH é mais profunda. Para compreender essa dificuldade, é necessário ter experimentado a sensação de assumir uma tarefa, desejar ardentemente começar a trabalhar nela e chorar ao perceber que, apesar de todo o esforço para se concentrar, o corpo parece não responder.

Em nossa casa, chamamos a falta de motivação para uma tarefa de *notivação* [não motivação; em inglês, *notivation*]. Esse termo descreve a falta de ânimo para executar tarefas que proporcionam pouco estímulo dopaminérgico. Enquanto a "notivação" para tarefas entediantes pode ser compreendida, o que acontece quando se aplica a algo que você adora fazer e realmente deseja fazer? Esse é o lado desafiador do TDAH — não se limita apenas à limpeza e à organização, mas também afeta sonhos e desejos.

Isso foi algo que eu senti durante a maior parte da minha vida. Então, aos 36 anos, descobri um termo incrível que justificava quase todas as minhas dificuldades: *disfunção executiva*. Fiquei chocada. Depois de três décadas me chamando de "preguiçosa", enfim encontrei uma explicação científica para a dificuldade que eu sentia para concluir determinadas tarefas.

Veja esta breve definição do Centro de TDAH do Reino Unido:

"A disfunção executiva é uma condição neurológica que causa dificuldades na análise, no planejamento, na organização, no agendamento e na conclusão de tarefas — em sua totalidade e dentro do prazo".[3]

De acordo com o Centro de TDAH, a disfunção executiva gera dificuldades nas seguintes áreas:

→ gestão de tempo
→ habilidades de organização
→ atividades multitarefas
→ memória para a execução do trabalho e fixação de informações
→ planejamento
→ priorização de tarefas
→ atenção
→ regulação emocional
→ autocontrole

Não acredito em magia, mas essa descoberta, para mim, foi como se alguém tivesse sacudido uma varinha e desfeito a "maldição da preguiça".

De repente, a razão pela qual eu me sentia paralisada diante de uma pilha de roupas sujas passou a fazer sentido. As peças do quebra-cabeça começaram a se encaixar — o motivo de eu viver constantemente em meio à bagunça, de atrasar o pagamento das minhas contas, de me sentir sobrecarregada com tarefas simples e de não cumprir compromissos... tudo estava finalmente explicado.

Quando a canção "Eu sou preguiçoso!" para de tocar em nossa cabeça, abre-se um vasto espaço. Um espaço para uma nova compreensão sobre o que significa realmente esforço para uma pessoa com TDAH.

Minha abordagem em relação ao "esforçar-se muito" difere da visão convencional de um dia de oito horas, meticulosamente organizado e planejado até o último minuto. Em vez disso, trabalho quando ocorrem grandes explosões de energia criativa, aproveitando ao máximo minhas horas de hiperfoco, e também descanso bastante. Embora eu descanse mais do que a média das pessoas, minha produtividade é multiplicada por dez quando trabalho em um ambiente inspirado e motivado.

E, para minha surpresa, descobri que sou extremamente dedicada ao meu trabalho; apenas de uma forma muito diferente do convencional. Eu estava tão obcecada com a ideia de ser preguiçosa que ignorei completamente essa qualidade em mim!

É fundamental que eu descanse para maximizar minha produtividade quando a motivação surge, permitindo-me trabalhar intensamente enquanto estou focada. Minha produtividade é como a maré. Às vezes, avança com força, arrastando a areia e batendo nas rochas — é quando estou em plena atividade, executando tarefas, finalizando projetos e gerando novas ideias. Outras vezes, a maré recua, afastando-se até quase desaparecer da vista — é quando estou descansando e me recuperando do esforço significativo que fiz.

Esse tipo de esforço nunca foi reconhecido por mim. Nunca foi identificado e, com certeza, nunca foi elogiado. Nossa sociedade valoriza e recompensa apenas um tipo de esforço: dedicar tempo, dia após dia, à rotina para fazer o que precisa ser feito. Isso se aplica tanto à escola quanto à maioria dos empregos — durante oito horas por dia, é necessário manter o foco e executar as tarefas como se fôssemos uma pequena máquina.

Nossa sociedade vê a menina de 9 anos que não alimentou o coelho do vizinho e diz: "Ela é preguiçosa!". Essa menina é vista como uma pessoa que não se esforça e que, portanto, não é confiável. Por outro lado, não é vista como "criativa" ou como se estivesse "repleta de ideias". Não somos recompensados por nossa criatividade, mas somos julgados pela falta de comprometimento.

Acho que é hora de redefinir o que significa "esforçar-se muito" para as pessoas com TDAH.

→ **Definição antiga de "esforçar-se muito":** trabalho constante e contínuo durante um longo período de tempo.

→ **Nova definição de "esforçar-se muito":** grandes explosões de energia durante as quais se realiza uma quantidade significativa de trabalho, seguidas de períodos extensos de descanso.

Penso em mim aos 9 anos, começando a *Helping Hands*, e hoje vejo claramente o quanto fui incrível e criativa. É algo contraditório imaginar o que poderia ter sido se, na época, eu e as pessoas ao meu redor soubéssemos que eu tinha TDAH. Será que meu desenvolvimento teria sido diferente se minhas dificuldades para concluir tarefas tivessem sido vistas como desafios à minha função executiva?

Olho para minha vida agora e me sinto imensamente grata por fazer parte de várias equipes diferentes, seja em casa com Rich, seja escrevendo músicas ou desenvolvendo um aplicativo. Encontrei um ambiente em que minhas ideias e minha criatividade são valorizadas e no qual pessoas com habilidades em administração, execução e planejamento financeiro podem brilhar em suas próprias áreas. Muitas pessoas com TDAH acreditam que devemos ser capazes de fazer tudo, mas ninguém deve ser responsável por tudo, nem na gestão de uma casa nem na administração de um negócio!

A mente neurodivergente, com frequência, se destaca por sua criatividade, sua habilidade para resolver problemas de maneira inovadora, sua comunicação eficaz e seu pensamento de modo geral.[4] As pessoas com TDAH são extremamente valiosas e necessárias. É fundamental que se encontrem maneiras de abrir espaço para nós no ambiente de trabalho, permitindo que nosso estilo de trabalho se destaque e receba o apoio adequado. Da mesma forma que uma pessoa com TDAH pode precisar de ajuda para executar uma ideia, os neurotípicos, em geral, também podem se beneficiar das nossas ideias criativas! Somos engrenagens únicas e valiosas em uma máquina maior, e podemos nos complementar de maneira significativa.

Pessoas com TDAH podem ser muitas coisas... mas preguiçosas, não.

DESTRUINDO O MITO DO "EU SOU PREGUIÇOSO"

É bem provável que algumas pessoas com TDAH tenham desenvolvido uma crença profundamente enraizada de que são preguiçosas. Essa crença se forma ao longo da vida, à medida que acumulamos pequenas "evidências" que a sustentam: roupas deixadas na máquina, tarefas importantes não executadas e ideias criativas que perderam o impulso. É muito provável que também tenham sido rotuladas como preguiçosas por cuidadores, professores ou, como ocorreu comigo, por diversos anônimos na internet.

Se você faz parte desse grupo, ouça com atenção: você NÃO é preguiçoso(a)! Na verdade, você tem TDAH, e isso pode causar dificuldades na execução de determinadas tarefas por causa dos desafios que surgem durante o desenvolvimento da função executiva. Também sei que você é capaz de se esforçar intensamente. Talvez você tenha uma grande capacidade de sentir empatia, talvez seja dotado(a) de criatividade ou tenha uma imaginação vívida. Talvez você seja excelente em *brainstorming*, tenha iniciado um negócio de artesanato ou seja capaz de passar horas concentrado(a), em hiperfoco. Ainda que, para você, essas habilidades não pareçam exigir "grande esforço" pelo fato de se desenvolverem de um modo natural, elas são extremamente valiosas. Veja, a seguir, algumas dicas para destruir o mito sobre a preguiça!

1. **ELIMINE A PALAVRA "PREGUIÇOSO"** — O primeiro passo é simplesmente parar de se autodenominar preguiçoso, seja em voz alta ou internamente. Quando enfrentamos dificuldades para fazer algo, devemos nos questionar. O que está acontecendo? De onde vem essa "falta de motivação" (*notivação*)? Preciso de ajuda? A palavra "preguiçoso" carrega conotações negativas — não precisamos mais ouvi-la. O mundo ainda está começando a compreender o TDAH, e muitas pessoas ainda nos veem como se fôssemos inerentemente preguiçosos. É essencial mostrarmos a verdade aos outros: nós nos esforçamos muito, mas de uma forma diferente. Isso deve ser valorizado, e não julgado.

2. **DEVEMOS REJEITAR A CULTURA DA PRODUTIVIDADE** — Muitos de nós desejam superar a preguiça para se tornarem produtivos, realizar algo, deixar as pessoas orgulhosas e fugir da sensação horrível de fracasso. No entanto, quando isso se torna nosso principal objetivo, cometemos um grande equívoco! A produtividade não é o aspecto mais importante na vida de alguém e não tem nenhum valor moral intrínseco. Quando concentramos toda a nossa atenção na produtividade, deixamos de enxergar o cenário completo. Perdemos de vista os verdadeiros tesouros da vida: ser autêntico, amar profundamente, sentir tristeza e dor, sonhar com um futuro melhor e viver em ambientes seguros. Segurança e felicidade devem ser nossas prioridades mais importantes, não a produtividade.

3. **REDEFINIÇÃO DO SIGNIFICADO DE "ESFORÇAR-SE MUITO"** — Provavelmente, será necessário reconsiderar o que significa "esforçar-se muito". Em um mundo predominantemente neurotípico, é fácil acreditar que se esforçar muito é apenas chegar no mesmo horário todos os dias e trabalhar em uma determinada atividade. As distrações são consideradas ruins, e o descanso, desnecessário. Contudo, para o cérebro com TDAH, esforçar-se muito significa algo completamente diferente! Esse esforço virá em grandes explosões de energia e ação, seguidas por um período de descanso extremamente necessário. Para

nós, não existe um cronograma bem-definido, e é aí que está a beleza dessa abordagem. Nós pintamos fora das linhas do que é esperado e criamos nossa própria definição de dedicação e esforço.

4. **DEVEMOS COMPARTILHAR A REALIDADE** — Um bom exercício para defender o TDAH é comunicar aos entes queridos, amigos e colegas a forma como trabalhamos melhor. Quanto mais as pessoas entenderem que — embora não sejamos tão eficazes em tarefas repetitivas do cotidiano — podemos ser absolutamente incríveis em uma reunião de *brainstorming*, por exemplo, mais o mundo começará a perceber o alto valor do pensamento neurodivergente em uma equipe. Não é egoísmo destacar seus pontos fortes. A empresa certa o valorizará e lhe dará uma oportunidade de desenvolver um tipo diferente de talento e perspectiva. Muitos de nós escondemos nossos verdadeiros talentos porque estamos excessivamente focados em corrigir nossas falhas evidentes.

DISSIPANDO O MITO

Em vez de dizer
~~Eu sou preguiçosa(o).~~
Tente dizer isto:
Às vezes, posso ter dificuldades em atividades que os outros acham fáceis, e tudo bem.
Eu me esforço muito do meu próprio jeito.

"VOCÊ NÃO É PREGUIÇOSO"

Escrito por Rich

Os relacionamentos frequentemente chegam ao fim por várias razões, como comportamento irracional, traição, abuso, desrespeito ou incompatibilidade, apenas para citar alguns exemplos.

O que, de modo geral, não se menciona como motivo de separação é: "Não consigo lidar com as roupas espalhadas pelo chão do quarto!". Entretanto, se eu e Rox nos separássemos, esse seria o motivo! Entenda: antes de ela receber o diagnóstico de TDAH, passamos pelo que chamo de "Ciclo de arrumação tóxica". Funcionava assim:

1. Rox fazia alguma bagunça. Podia ser roupas espalhadas pelo chão do quarto, um novo hiperfoco em algum tipo de artesanato que se espalhava por toda a casa ou uma nova receita de supervitamina recém--descoberta, com a consequente "destruição" da cozinha.
2. Rox prometia arrumar a bagunça "mais tarde".
3. Rox não arrumava a bagunça mais tarde.
4. Eu ficava muito chateado e me sentia enganado e subestimado.
5. Por fim, eu organizava tudo fazendo bastante barulho para que Rox soubesse que eu estava chateado, enquanto, por dentro, eu deixava o ressentimento crescer.
6. Rox ficava na defensiva e dizia: "Eu disse que ia arrumar!".
7. Eu respondia: "Mas você não arrumou!".
8. Nós dois ficávamos zangados e nos sentíamos incompreendidos.

Embora um quarto bagunçado possa parecer um motivo insignificante para alguém se divorciar, o ciclo tóxico associado a isso revela problemas mais profundos. As promessas não cumpridas podem minar seriamente a confiança entre duas pessoas. O ressentimento acumulado pode afetar a conexão e a alegria do relacionamento. Ela pode me ver como um chato, enquanto eu acabo acreditando que ela é extremamente preguiçosa.

Mesmo com toda a irritação que eu sentia, considerar que Rox era uma preguiçosa parecia uma ideia contraditória para mim. Não parecia justo. Eu a via passar o dia pesquisando sobre um novo hobby, trabalhando durante horas na escrita de uma música ou tentando redecorar o quarto de hóspedes à meia-noite, por exemplo — e ela encontrava energia para realizar tudo o que desejava! Eu percebia que ela conseguia ser incrivelmente focada e dedicada quando queria.

Infelizmente, isso levou a um pensamento ainda mais negativo: em vez do simples "Rox é preguiçosa!", comecei a dizer para mim mesmo "Rox está optando por não me ajudar!".

Estávamos em um beco sem saída, que nos levava à falta de comunicação e a mal-entendidos. Corríamos o risco real de destruir o relacionamento mais incrível de nossas vidas. Agora, que compreendemos o que é o TDAH e sabemos quais são os desafios enfrentados por quem é diagnosticado com o transtorno, nossa conversa sobre limpeza e organização mudou completamente.

As duas lições relacionadas ao TDAH que mais influenciaram minha capacidade de entender Rox, em vez de julgá-la, foram as seguintes:

1. Pessoas com TDAH frequentemente enfrentam dificuldades relacionadas com a função executiva, que é um processo cognitivo que administra a organização dos pensamentos e das atividades, a priorização das tarefas e o gerenciamento do tempo. Isso pode resultar em desafios na organização e na conclusão de tarefas simples, como a limpeza, por exemplo.[5]

2. Pessoas com TDAH têm um sistema nervoso "baseado em interesses", o que significa que estão sempre em busca de situações altamente excitantes, estímulos intensos e recompensas imediatas. Esses fatores desencadeiam uma liberação rápida e intensa de dopamina, o que resulta em um aumento na motivação.[6] Explicando de maneira mais clara:

recolher as roupas do chão não proporciona a liberação de dopamina que Rox almeja.

Compreender tudo isso nos levou a uma transformação total na dinâmica do nosso relacionamento. *Ela não estava agindo de propósito nem sendo preguiçosa.* As roupas no chão não eram, de fato, o problema. Além de ser importante manter uma casa limpa, para mim, a bagunça despertava pensamentos negativos, porque tocava em algo muito mais profundo: a sensação de que minhas necessidades não eram importantes e a impressão de que minha parceira havia simplesmente decidido não colaborar.

É muito fácil julgar as atitudes de alguém — ou a ausência delas — sem tentar entender o que realmente está acontecendo. A forma mais direta de descobrir como alguém está se sentindo é, claro, simplesmente perguntar. Até então, eu nunca tinha feito isso com Rox. Sempre que ela prometia fazer algo e não cumpria, eu passava a acreditar que aquela era uma reação intencional. A primeira vez que abordei essas questões diretamente com ela, tudo mudou. Um dia, cheguei a ela e disse: "Querida, você prometeu que limparia o quarto hoje. E está sendo um pouco difícil para mim... perceber que você ainda não fez isso. Eu realmente gostaria de saber o que está acontecendo com você."

"Honestamente, não faço ideia", disse Rox. "Sinto muito por estar afetando você. Quando prometi colaborar, realmente achei que eu conseguiria arrumar. É como se eu não compreendesse que minhas palavras não significam nada. Sinceramente, acho que sou muito preguiçosa..."

Ouvir isso desencadeou uma imensa compaixão em mim. Ali estava a pessoa que eu amo profundamente, angustiada porque estava lutando para fazer algo que é considerado básico, sentindo-se culpada por me afetar e rotulando a si mesma de uma forma extremamente negativa. De repente, percebi que eu estava refletindo de volta para ela a sua crença negativa! E quando alguém acredita que é realmente preguiçoso, tende a não pedir ajuda e não consegue acreditar que as coisas podem melhorar.

Mas as coisas podem melhorar. Em nosso caso, substituímos nosso *Ciclo de arrumação tóxica* por algo que de fato funciona. Então, criamos o nosso *Ciclo de arrumação irregular*, o qual descrevo a seguir.

1. Rox faz alguma bagunça.
2. Ela promete arrumá-la mais tarde.
3. Lembro-a, de um modo gentil, que é agora ou nunca e pergunto se há algo que eu possa fazer para ajudá-la a começar.
4. Algumas vezes, Rox pede para eu me sentar junto a ela enquanto organiza as coisas, ou para dividir as tarefas em etapas e orientá-la, dizendo por onde deve começar.
5. A bagunça é arrumada e nós dois nos sentimos melhor!

A simples oferta de ajuda pode, muitas vezes, ser a pequena dose de dopamina necessária para que alguém com TDAH inicie uma tarefa. Preciso deixar algo claro: fui acusado na internet de fazer tudo por Rox. Isso simplesmente não é verdade. De fato, fazer tudo por alguém com TDAH pode ser tão prejudicial quanto uma crítica. No caso de Rox, isso impediria que ela começasse a construir uma nova crença de que é realmente muito mais capaz do que poderia acreditar.

Minha ajuda consiste em criar um ambiente gentil e de incentivo para que ela possa contribuir nas tarefas domésticas e para que nós possamos sentir orgulho do nosso trabalho. Não substituímos o "Sou preguiçosa!" por "Não posso fazer isso, portanto, os outros sempre têm que fazer isso por mim!". Em vez disso, queremos substituir a crença negativa por "Eu consigo fazer isso se tiver um apoio efetivo!".

Assim, em resumo, ainda não pretendemos exigir a criação de uma lei que aceite "roupas por todo o chão" como base legal para o divórcio... o que é uma ótima notícia.

COMO AJUDAR UMA PESSOA COM TDAH QUE ACREDITA SER PREGUIÇOSA

É provável que a pessoa com TDAH tenha passado a vida ouvindo frases como "Você é muito preguiçosa!" de pais, professores e colegas. Ela também pode ter ouvido isso de você. Isso não faz de você uma pessoa ruim. No entanto, quando sabemos mais sobre o transtorno, podemos agir de um modo melhor.

Reuni aqui algumas sugestões para ajudar a inverter o roteiro e substituir essa crença tóxica por mensagens edificantes e úteis. Vejamos...

1. **DESCUBRA A VERDADEIRA HISTÓRIA** — Em vez de tirar suas próprias conclusões sobre o motivo pelo qual a pessoa com TDAH não está executando uma tarefa, adote uma abordagem interessada. Pergunte a ela o que está acontecendo com ela. Talvez você descubra que ela está sobrecarregada ou confusa a respeito de como iniciar a tarefa. Ouvir a verdadeira história pode gerar compaixão, em vez de julgamento (como aconteceu em minha conversa com Rox). A compaixão é um ponto de partida muito mais eficaz para a ação. A pessoa com TDAH pode ter se acostumado a mentir para se proteger e esconder suas dificuldades. Portanto, será necessário praticar, ter paciência e construir confiança para que ela se sinta segura o suficiente para compartilhar o que realmente está ocorrendo.

2. **AJUDE A DISSIPAR A NOTIVAÇÃO** — Muitas vezes, um obstáculo para iniciar uma tarefa com baixo nível de dopamina pode estar apenas começando a se manifestar. Pessoas com TDAH podem se sentir confusas por não saber qual deve ser o primeiro passo ou excessivamente sobrecarregadas antes de começar algo. Como mencionei, não devemos fazer a tarefa por elas; é essencial que executem as atividades sozinhas para começar a desenvolver sua autoestima. No entanto, oferecer-se para ajudar ou sugerir qual passo ela deve dar primeiro pode realmente fazer a diferença. A prática do *body doubling* [estar junto] tem sido de grande ajuda em nossa casa! Essa prática ocorre quando uma pessoa

com TDAH precisa efetuar uma tarefa e você simplesmente se senta ao lado dela (*doubling*). Não é necessário fazer nada! Apenas o fato de estar na mesma sala já a ajuda a agir.

3. **USE TRUQUES DE DOPAMINA** — Depois de anos morando com Rox, descobri alguns truques que parecem sempre funcionar. Eu meio que espero que ela não leia isso, mas descubra o que eu tenho feito! No entanto... é bom demais para não compartilhar. Sabemos que os cérebros com TDAH sofrem a falta de dopamina, o que pode dificultar o início das tarefas. Portanto, eu preparo pequenas recompensas de dopamina para depois da conclusão de partes do trabalho. Por exemplo: "Querida, depois que terminarmos o trabalho hoje, vamos ao cinema?" ou "Vou buscar um pouco de chocolate para nós quando terminarmos nosso trabalho!". Preparar um banho quente com velas perfumadas pode ser um excelente motivador. Oferecer pequenas doses de dopamina ao longo do dia, quando evoluções são alcançadas, é uma estratégia muito eficaz!

4. **ELIMINE A PALAVRA "PREGUIÇOSO"** — Isso é extremamente importante. Quando ouvir uma pessoa com TDAH se chamando de preguiçosa, é fundamental lembrar a ela todas as ocasiões em que você a viu se esforçando ao máximo. Seja durante um projeto criativo, no planejamento de um sonho ou em um novo hiperfoco, é essencial reforçar que ela está se dedicando à sua maneira. Quando vejo Rox trabalhando em uma nova música, reorganizando o quarto ou pintando uma jaqueta na mesa da cozinha, faço questão de demonstrar que eu reconheço o seu esforço. Muitas vezes, suas paixões e seus hobbies foram motivos de vergonha, levando-a a acreditar que só há trabalho importante quando realizado de forma neurotípica. Cada pessoa em uma família, num relacionamento ou em uma empresa tem pontos fortes únicos, que contribuem para a evolução do grupo. Celebrar essas habilidades distintas cria um ambiente diversificado e livre de vergonha, onde todos podem prosperar.

DISSIPANDO O MITO

Se a pessoa disser

~~Eu sou preguiçosa(o).~~

Tente dizer isto:

Você se esforça muito do seu próprio jeito.

Você é muito mais capaz do que o mundo fez você acreditar.

MITO RELACIONADO AO TDAH #2:
EU NÃO ESTOU ME ESFORÇANDO O SUFICIENTE

Escrito por Rox

Aos 34 anos, tomei a primeira decisão que começaria a desfazer o emaranhado que era minha vida: escolhi ficar sóbria. Os relacionamentos desfeitos que mais pareciam desastres, as dívidas que se acumulavam, a automutilação mantida em segredo... Tudo isso alcançou um nível insuportável. Meu consumo diário de álcool me deixava inchada e me fazia parecer mais velha do que eu realmente era; quase todas as noites eu tinha lapsos de memória.

A maioria das pessoas viciadas tem um momento de "fundo do poço" — aquele instante que sinaliza claramente que não há como continuar vivendo em função do vício. Meu fundo do poço ocorreu em Ibiza, uma ilha espanhola famosa por suas festas intensas. Resumindo uma história longa e embaraçosa, no trabalho, perdi uma gravação de vídeo, traí meu parceiro e fiquei acordada durante três dias. Quando voltei para casa, percebi que não podia continuar machucando as pessoas e a mim mesma daquela forma. Pouco tempo depois, participei da minha primeira reunião de recuperação e, com alegria, digo que, no momento em que escrevo este capítulo, estou comemorando cinco anos de sobriedade. Quando afirmo que a sobriedade salvou minha vida, faço isso com toda a sinceridade. Minha vida estava seguindo em uma direção extremamente perigosa, cujas consequências poderiam ter sido a prisão ou a morte.

Pessoas com TDAH têm de cinco a dez vezes mais chances de adquirir o vício em álcool.[7] De certa forma, isso não é surpreendente, pois o álcool é uma substância depressora, o que significa que pode ter um efeito relaxante sobre a hiperatividade. Para mim, a bebida ajudava a acalmar os pensamentos acelerados na minha mente e a diminuir minha ansiedade quase constante. Com três drinques, eu já me sentia *normal* durante a noite. Eu me sentia presente. Mas a dura realidade é que eu estava automedicando meus traumas e o TDAH com álcool, mesmo sem saber. Suspeito de que muitos neurodivergentes não diagnosticados estejam vivendo o mesmo ciclo infernal que eu.

Assim como a maioria das pessoas que abandonaram o álcool recentemente, fui tomada por um forte desejo de me transformar, de mudar para melhor. Queria apagar tudo e começar do zero. Eu queria que todos os meus comportamentos indesejáveis desaparecessem. Então, além de deixar de lado a promiscuidade e parar de beber durante o dia, decidi que era hora de *focar*. Ai, meu Deus... Eu me pego balançando a cabeça só de pensar em mim mesma aos 34 anos. Sinto muita pena daquela pessoa — a neurodivergente com TDAH não diagnosticado decidindo que finalmente era hora de "se organizar".

Entretanto, consegui efetuar diversas mudanças durante meu primeiro ano de recuperação. Estes são os hábitos de uma vida inteira que consegui transformar:

→ parei de ingerir bebidas alcoólicas
→ passei a evitar outras drogas
→ resolvi ser celibatária

Antes de ficar sóbria, o álcool era meu melhor amigo, a parte favorita do meu dia. Eu tinha fotos de canecas de cerveja no meu *feed* do Instagram. Era sempre a primeira a chegar ao bar e a última a sair. Além disso, eu não precisava estar em um bar para beber. Bebia todas as noites até não conseguir mais formar uma frase. Ia a casamentos apenas para poder beber de graça. Saía dos eventos de trabalho falando enrolado e, geralmente, acompanhada de alguém com quem não deveria estar. Minha geladeira estava sempre abastecida com champanhe e cerveja. E, se as bebidas acabassem, eu sabia a localização exata de todas as lojas do bairro que ficavam abertas até tarde em um raio de oito quilômetros.

Sexo e relacionamentos eram outra obsessão para mim. A partir dos 16 anos, nunca mais fiquei sozinha. Meus relacionamentos eram extremamente intensos, breves, e frequentemente se sobrepunham uns aos outros. Muitas vezes, eu mantinha vários casos amorosos enquanto estava, ao mesmo tempo, em um relacionamento mais firme com alguém. Logo no início de cada relacionamento, eu já me mudava para a casa do novo parceiro, acreditando todas as vezes que seria para sempre. Sentir desejo era algo inebriante, e, quanto menos disponível a pessoa estivesse emocionalmente, mais eu a desejava. Eu estava obcecada para encontrar o amor da minha vida e perseguia essa fantasia como se minha vida dependesse disso. Quando a excitação de um novo relacionamento acabava, eu logo começava a buscar aquela dose de emoção em outra pessoa. Simplesmente não conseguia ficar sozinha. Para me sentir bem, eu precisava da euforia que outra pessoa me proporcionava.

Então, quando digo que consegui parar tanto com a bebida quanto com os relacionamentos seguidos, espero que você compreenda o esforço imenso que isso exigiu. Participei de frequentes reuniões de recuperação, mergulhei em um processo profundo de autoconhecimento, mantive uma responsabilidade implacável, exercitei uma força de vontade inabalável e consumi obsessivamente livros e podcasts de autoajuda. Precisei de cada grama de força que existia em mim para não retornar aos velhos hábitos. Para mim, foi milagroso. Jamais imaginei que eu conseguisse realizar algo assim. Essa experiência extenuante me ensinou que, quando alguém se dedica de verdade, é capaz de transformar qualquer aspecto de sua vida.

Por isso, achei que, ao contemplar a vitória sobre meus vícios em álcool e sexo, organizar-me e manter meu espaço limpo, tudo seria mais fácil, sabe?

E segui a rotina: primeiro, eu comprava todos os livros sobre produtividade e mudança de hábitos e os consumia com avidez, inserindo as novas estratégias no meu cotidiano com precisão militar. Minha vida mudava por algumas semanas (na melhor das hipóteses), e eu me sentia no topo do mundo. Renovada. Melhorada. Esforçada. E então… também com a precisão de um relógio suíço, eu fracassava. E cada fracasso me deixava ainda pior do que eu estava antes.

Como, eu me perguntava, conseguia parar de beber e de fazer sexo, mas não conseguia deixar de ser desorganizada?

E, mais uma vez, ignorei completamente os outros aspectos desse processo...

→ Não reconheci o quanto me esforcei para manter a sobriedade.
→ Não me perguntei se havia outros fatores em jogo.

Em vez disso, eu simplesmente me repreendia, afirmando que não estava me esforçando o suficiente, e então tentava de novo. E de novo. E de novo. É preciso reconhecer: nós, neurodivergentes, temos tentado e falhado em nos organizar por anos, mas ainda mantemos a ilusão de que é possível melhorar apenas com *força de vontade*.

Eu vivia um ciclo interminável de crescimento pessoal (meu próprio Dia da Marmota), tentando mil vezes, sem sucesso. Meu quarto estava sempre bagunçado, a roupa suja se acumulava, e eu tinha 32.198 e-mails não lidos. Não conseguia cumprir minhas oito horas diárias de trabalho e não sabia o que havia de errado comigo.

Eu tinha vencido o vício, mas não conseguia nem levar minha xícara de café do quarto para a cozinha. Como isso era possível? O que estava acontecendo?

Alguns anos depois, quando minha jornada me levou ao diagnóstico de TDAH, comecei a refletir sobre minhas inúmeras tentativas frustradas de consertar determinados aspectos de mim mesma. A verdade se revelou com clareza. Meus problemas eram:

→ os sintomas de uma condição do meu desenvolvimento neurológico;
→ não um fracasso pessoal.

Vou dizer isso mais alto para as pessoas do fundão que ainda estão se enganando, achando que só precisam se esforçar mais. Meus problemas eram:

→ os sintomas de uma condição do meu desenvolvimento neurológico;

→ não um fracasso pessoal.

Embora isso soasse completamente verdadeiro, ainda assim, parecia ser apenas uma saída fácil. Parecia que eu estava simplesmente pegando carona em algum diagnóstico da moda, em vez de assumir a responsabilidade pela pessoa realmente horrível que eu imaginava ser. O ódio internalizado que eu nutria por mim mesma (olá, voz crítica interna...) gritava. De uma forma inacreditável, mesmo depois de lutar tanto para efetuar tarefas que outras pessoas executavam com facilidade, eu ainda sentia a necessidade de me punir. A compaixão devotada a mim mesma parecia alguma coisa errada, como se fosse uma desculpa.

Há um verdadeiro pesar nisso. Para alguém que acreditara, durante toda a sua vida, que seria possível haver uma versão sua que, com o tempo, se tornaria perfeita, organizada e equilibrada, aceitar um diagnóstico de TDAH é como abrir mão daquela fantasia que sempre funcionou como motivação para continuar tentando.

"Quem sou eu se não estiver tentando ser normal?", eu me perguntava.

Eu temia profundamente que, se interrompesse minhas tentativas desesperadas de me consertar, tudo se desintegraria. O pouco controle que eu conseguia manter, graças ao meu método de mascaramento (ocultação de sintomas) e ansiedade, cederia lugar ao caos absoluto.

Acabei aprendendo, entretanto, que a verdade era exatamente o oposto. Foi a aceitação do TDAH que me permitiu de fato "consertar" o que estava errado em mim. Eu estava me esforçando em virtude das coisas erradas. Não era a gestão de tempo ou meus problemas com memória e organização que tinham sido "dissipados"; era a forma como eu falava comigo mesma, o ódio que eu sentia por mim mesma. Esse era o verdadeiro problema. O diagnóstico significava que eu, enfim, poderia parar de tentar superar os sintomas apenas por meio da força de vontade. Significava que estava na hora de eu aprender a aceitar que algumas coisas sempre seriam mais difíceis para mim e, mais importante, que eu poderia aprender a me amar do jeito que eu era.

Preciso deixar algo bem claro: esforçar-se para melhorar a si mesmo é um ato notável. Ficar sóbria e começar a fazer terapia foram decisões difíceis, mas salvaram minha vida e, além disso, me tornaram mais feliz, mais saudável e, provavelmente, uma companhia muito mais agradável! As jornadas de cura são esforços profundos que duram toda a vida e nos possibilitam amadurecer no âmbito emocional e espiritual. Acredito de todo o coração que podemos aprender e aprofundar nossa conexão com nós mesmos, com nossas comunidades e nosso mundo. Contudo, também acredito que não há como superar sozinho uma condição mental neurodivergente. Força de vontade e "muito empenho" não farão o TDAH desaparecer como mágica.

Quem tem TDAH está constantemente tentando alcançar algo para o qual não foi feito: algo fisicamente impossível. A pessoa acredita que, caso se apegue a uma tarefa e se esforce o suficiente, conseguirá controlar seus sintomas. No entanto, o que essa pessoa realmente precisa é compreender e aceitar sua verdadeira essência e, a partir disso, começar a desenvolver maneiras de atender às suas próprias necessidades.

Minha família escolhida — Rich, Seer e Lillie (meus dois enteados) — me ajudou a alcançar exatamente isso. Em nossa casa, posso viver de forma autêntica, com todas as minhas imperfeições. Eles aceitam que eu seja bagunceira, esquecida e desorganizada, mas também altamente criativa, profundamente empática e uma solucionadora de problemas perspicaz. O mais importante é que sou profundamente amada e valorizada. Meus sintomas não são ignorados, menosprezados ou julgados. Não sinto que preciso consertá-los ou consertar a mim mesma. Posso viver exatamente do modo como sou e contar com o apoio necessário.

Se eu não tivesse decidido aceitar essa minha condição, este livro não existiria. "Consertar" a mim mesma foi um trabalho de tempo integral. Em vez de escrever, eu estaria, provavelmente, implementando algum novo sistema para parar de perder coisas ou desenvolvendo um plano para manter uma gaveta de meias impecavelmente organizada.

Pense na sua situação: e se toda a energia direcionada para "se esforçar mais" fosse investida em algo que realmente importa para você? Algo para o qual você tem um talento natural e que faz você se sentir vivo de verdade?

Tentar superar os sintomas do TDAH pode ser tão frustrante quanto bater a cabeça contra uma parede. No entanto, canalizar essa energia para projetos que você adora pode transformar sua vida. Talvez o propósito da sua vida não seja ter a casa mais limpa da cidade, mas, sim, algo muito mais significativo!

Então, aqui, entrego um novo mantra...

"Eu só preciso me esforçar mais *para aceitar ser quem eu sou*."

O fato de termos lutado contra o TDAH e falhado diversas vezes pode ter deixado muitos de nós desanimados. A razão para essa estagnação é que estamos tentando mudar algo que simplesmente não pode ser alterado! No entanto, há muitas áreas na vida em que podemos promover mudanças significativas. No meu caso, essas mudanças incluíram a sobriedade, a terapia, meu primeiro relacionamento saudável e o sucesso profissional após os 30 anos. O que você pode transformar em sua vida?

DESTRUINDO O MITO DO "NÃO ESTOU ME ESFORÇANDO O SUFICIENTE"

Há quanto tempo você tem se obrigado a se esforçar ainda mais, sempre enfrentando os mesmos problemas de antes? Reflita profundamente sobre isto, mesmo que seja doloroso: obrigar-se a se esforçar mais realmente funciona para você? Você está mais feliz? Você se sente mais realizado? Seus sintomas de TDAH desapareceram?

Em seguida, quero que você internalize o que estou prestes a dizer. Sublinhe. Escreva em outro lugar. Tatue a frase. Faça o que for necessário para que você possa sempre aceitar isso.

Não é possível controlar os sintomas do TDAH apenas com mais esforço. Na verdade, muita pressão e constante exigência podem agravar os sintomas. O que realmente ajuda é a aceitação e o apoio.

Eu compreendo o medo que isso provoca. O autoengano e o receio de que, ao se permitir uma pausa, tudo possa desmoronar. Mas eu garanto que isso não vai acontecer. O míope não precisa se esforçar mais para enxergar a placa a 20 metros de distância; ele precisa de óculos. Da mesma forma, alguém com TDAH não precisa de mais esforço para superar seus sintomas reais. Precisa de compreensão e ajuda.

Vejamos algumas maneiras essenciais de fazer isso.

1. **É PRECISO ACEITAR O DIAGNÓSTICO DE TDAH** — O TDAH não exime ninguém de responsabilidades, tampouco serve como desculpa. É uma condição clínica real que afeta o foco, a memória para o trabalho, a organização, a gestão de tarefas, o gerenciamento do tempo, a impulsividade e muito mais. É fundamental permitir-se sentir compaixão por si mesmo e aceitar apoio. O "tentar mais" frequentemente leva à frustração e é um caminho certo para o esgotamento. Ter TDAH significa enfrentar desafios em áreas que outros podem considerar simples. E não há vergonha nisso.

2. **USEMOS O ESFORÇO EM OUTRA COISA** — O esforço dedicado sempre produz resultados quando é direcionado para o objetivo certo. Frequentar a academia diariamente fortalece os músculos e melhora a forma física. Escrever duzentas palavras por dia pode culminar em um livro. A terapia semanal promove uma melhor compreensão de si mesmo. Há muitas conquistas incríveis que podem ser alcançadas com dedicação. Todavia, se tentamos, durante anos, lidar com uma condição sem obter sucesso, é possível perder a fé na capacidade de transformar a própria vida, de realizar sonhos ou fazer mudanças significativas. O problema é perder a fé em virtude de tentar mudar algo que é uma constante, não uma variável. Quando redirecionamos nosso tempo e nossa energia para outra área, os resultados costumam nos surpreender.

3. **NÃO É POSSÍVEL CONSERTAR O QUE NÃO ESTÁ QUEBRADO** — A razão pela qual muitos de nós permanecem presos no ciclo de

"precisamos nos esforçar mais" é a crença de que não somos bons o suficiente ou que não temos valor da forma como somos. Mas e se, em vez de tentar nos consertar, focássemos em ajustar nosso ambiente, nossa conversa interna e nossa percepção de nós mesmos? Muitas vezes, nos fixamos em corrigir o que percebemos como falhas pessoais e deixamos de lado o que realmente podemos mudar. Uma oração importante que aprendi na recuperação diz: "Deus, conceda-me serenidade para aceitar as coisas que não posso mudar, coragem para mudar as coisas que posso e sabedoria para distinguir uma da outra". Embora não seja possível mudar os sintomas do TDAH, é possível administrá-los com o conhecimento e o apoio adequados.

4. **COMPANHIAS AMÁVEIS** — É fundamental cultivar um círculo de pessoas que reconheçam nosso valor, que nos amem e compreendam que nossas dificuldades não são intencionais, mas que estamos fazendo o nosso melhor. Não é necessário permanecer em ambientes que reforçam a crença de que somos indignos de amor por causa de um problema de saúde mental. Ninguém tem o direito de exigir que nos esforcemos mais do que já estamos nos esforçando. Quando for necessário lidar com pessoas que presumam o pior sobre nós, é importante estabelecer limites claros.

DISSIPANDO O MITO

Em vez de dizer

~~Não estou me esforçando o suficiente.~~

Tente dizer isto:

Estou dando o meu melhor.

Eu não preciso me "consertar".

"VOCÊ ESTÁ FAZENDO O SEU MELHOR"

Escrito por Rich

Esta é minha rotina matinal quando saio de casa:

1. Na verdade, tudo começa na noite anterior, quando pesquiso os trajetos no Google. Isso me ajuda a definir o horário de saída.
2. Na manhã do compromisso, ou do evento, meu alarme toca quando eu ainda tenho tempo de sobra (e ainda posso tirar alguns cochilos).
3. Eu saio da cama e tomo meu café.
4. Tomo banho e me visto.
5. Vou cumprir o meu compromisso com uma quantidade razoável de tempo de sobra. Isso garante que eu não chegue atrasado (nem absurdamente adiantado), a menos que algo muito incomum, e fora do meu controle, aconteça.

Agora, vejamos a rotina matinal de Rox...

1. Ela acorda.
2. Às vezes, verifica sua agenda para ver se tem algum compromisso (ocasionalmente, se esquece dessa etapa e recebe uma mensagem de alguém perguntando "Onde você está?"; em geral, de quem estava esperando por ela).
3. Ela verifica quanto tempo levará para chegar ao destino e define a que horas precisará sair para chegar exatamente no horário. Não considera nenhum tempo extra.
4. Ela subestima *bastante* quanto tempo realmente levará para se preparar, acreditando que pode ficar pronta em dez minutos, em vez dos trinta habituais.

5. Cerca de quinze minutos antes de sair, ela percebe que sua roupa está desconfortável e irritando sua pele. Então, fica superestimulada e precisa trocar de roupa.

6. A situação se torna altamente estressante, pois agora ela está atrasada e com pressa.

7. Ela não consegue encontrar a carteira, o celular, as chaves, os óculos de sol, etc., e o pânico aumenta. Agora, provavelmente, seu rosto está corado e suado.

8. Enfim pronta, ela perde o trem que pretendia pegar.

9. Envergonhada, ela precisa mandar uma mensagem para alguém, informando que está atrasada mais uma vez.

Isso acontece toda vez que ela tem um compromisso. E ela acredita com 100% de convicção que seus horários e seu planejamento funcionarão. Mas nunca funcionam. Sem entender como isso pode ter acontecido, ela fica muito confusa. Essa confusão, em geral, vem acompanhada de pânico e lágrimas.

No início do nosso relacionamento, esse comportamento não fazia sentido para mim. Como alguém pode cometer os mesmos erros várias vezes e nunca aprender? Dei conselhos sobre como planejar seus trajetos na noite anterior, separar as roupas com antecedência e calcular o tempo de deslocamento para chegar um pouco mais cedo ao local. O comportamento dela melhorava durante uma semana ou mais, antes de voltar ao seu estado natural.

Embora eu não tivesse culpa, todas as manhãs eu acabava mergulhado em um ambiente estressante também. Uma busca frenética por óculos de sol, uma carona até a estação de trem, ter de emprestar meus fones de ouvido... Rox podia sentir minha frustração. E, quando ela, enfim, estava no trem a caminho do seu compromisso, eu recebia uma mensagem de texto:

Oi, Bubby.

Desculpe mesmo pelo atraso esta manhã. Imagino que tenha sido muito estressante para você. Prometo me esforçar mais. Eu te amo!

Roxxx

Eu sabia, sem sombra de dúvida, que ela realmente queria dizer isso. No entanto, as evidências mostravam que, por mais que ela dissesse que estava tentando, nada realmente mudava. Isso me deixava muito confuso. Então, eu cheguei a duas explicações possíveis:

1. Ela estava mentindo. Não estava fazendo nenhum esforço para melhorar e estava deliberadamente arruinando minhas manhãs.
2. Ela realmente estava tentando melhorar, mas, por alguma razão, isso não estava funcionando.

Teria sido muito mais simples aceitar a primeira explicação. Era a única que fazia sentido para mim, considerando como minha mente funciona e como eu me organizo. Eu não conseguia conceber que um cenário tão desordenado pudesse realmente ser o máximo que Rox conseguia dar de si naquele momento.

Os parceiros e os pais de pessoas com TDAH devem entender que não são pessoas ruins por ficarem frustrados e por não compreenderem. Levei muito tempo e me esforcei muito — desafiando meu próprio pensamento, lendo livros, conversando com um terapeuta e aprendendo de verdade sobre o TDAH — até entender o que, de fato, estava acontecendo; então, Rox e eu conseguimos encontrar uma boa solução. Agora, eu sei que Rox está sempre dando o melhor de si.

Pode ser muito difícil, no início, compreender um diagnóstico de TDAH, e a principal razão é que não podemos *ver* o TDAH. Não é visível de imediato para os outros, diferentemente do gesso em uma perna quebrada, que indica que a pessoa não vai correr uma maratona tão cedo, ou da diabete, que aparece em uma série de exames médicos. O TDAH é conhecido como uma condição oculta ou invisível. Embora não consigamos *ver* as limitações de alguém, elas existem.

Antes do diagnóstico de Rox, passei muito tempo desejando que ela mudasse. Queria que ela chegasse na hora, que fosse menos desajeitada e que não saísse de casa em pânico com tanta frequência. Agora, posso dizer que tudo isso foi perda de tempo. Tentar forçar alguém a mudar, a modificar sua essência, só prejudica as duas pessoas envolvidas. Ao olhar para Rox por meio da perspectiva do TDAH, enfim consegui ver alguém que estava enfrentando ataques de ansiedade na maioria das manhãs. Ninguém escolheria isso — decepcionar as pessoas no trabalho, passar mais tempo em trânsito por ter perdido o trem, entre outras coisas. O que tornou a situação ainda mais triste é que a própria Rox realmente acreditava que, caso se esforçasse mais, ela mudaria. No entanto, já fazia quase quatro décadas que Rox vinha tentando mudar.

Não era só a rotina matinal que Rox estava tentando desesperadamente modificar. O efeito do "apenas se esforce mais" impactou muitas áreas de sua vida...

→ **A ORGANIZAÇÃO** — Novos cadernos, listas intermináveis de tarefas, todos os aplicativos disponíveis para TDAH.

→ **O ASSEIO** — Inúmeras tentativas de manter as roupas longe do *armário de chão* (nossa expressão para roupas espalhadas pelo chão) e de levar as xícaras de café para a cozinha.

→ **A COMUNICAÇÃO** — Promessas de melhorar nas mensagens de texto para amigos e familiares.

→ **O GERENCIAMENTO DE TEMPO** — Definir alarmes, criar lembretes, fazer promessas de parar de se atrasar.

E nada disso jamais funcionou.

Mesmo agora, ainda me entristece ler esta lista. Independentemente do que Rox tentasse, do quanto ela se esforçasse ou de quão sinceras fossem suas intenções, nada surtia um resultado diferente. O TDAH ainda estava lá. Essa lista simboliza a total rejeição de si mesma enquanto tentava ser neurotípica.

Depois que começamos a entender o TDAH, compreendemos que o trabalho que precisávamos fazer juntos não era o de fazê-la se esforçar mais, mas, sim, de ajudá-la — e de ajudar a mim mesmo — a aceitar quem ela é.

Fizemos uma mudança importante que alterou significativamente uma crença negativa que nós dois tínhamos. Não se trata mais de Rox precisar se esforçar mais; é sobre ela (e eu) entender que ela está tentando dar o seu melhor. Você não deve ficar com raiva ou chateado com alguém que está genuinamente dando o melhor de si. Essa mudança de perspectiva é fundamental em lares com TDAH.

Troque o "Você precisa se esforçar mais!" pelo "Vejo que você está tentando dar o seu melhor...".

A primeira mensagem é crítica; a segunda é validadora e gentil.

Tentar mudar a nossa essência e o modo como reagimos e nos comportamos é uma tarefa impossível e altamente estressante. E, acredite, com TDAH, a vida já produz estresse suficiente.

Então... Voltando à nossa rotina matinal, veja como ela é agora. Hoje, sinto prazer em estar presente e ao tentar ajudar Rox a procurar carteiras, verificar os horários dos trens e em fornecer os tão necessários "abraços de regulação" (um *abraço de regulação* acontece quando você usa o contato físico — um abraço — para ajudar alguém a acalmar seu sistema nervoso).

Quando valorizamos as pessoas com TDAH, reconhecendo que estão fazendo o melhor possível, independentemente das lutas que enfrentam, elas se sentem seguras para revelar seu verdadeiro eu. Em nossa casa, agora, Rox pede ajuda e chora quando se sente sobrecarregada ou quando solicita algo específico. As batalhas internas que ela tentou esconder por tanto tempo, agora, têm um lugar seguro para emergir e podem ser enfrentadas em grupo. Muitas pessoas com TDAH passaram a vida fingindo que estavam bem, escondendo seu pânico, suas lágrimas e suas frustrações. Criar um ambiente emocional seguro e tranquilo em casa é a melhor maneira de ajudá-las a abandonar a crença de que seus problemas são culpa delas e mostrar que não estão sozinhas nessa jornada.

Agora, as mensagens que recebo de Rox depois de uma carona enlouquecida até a estação de trem não são desculpas e promessas desesperadas de que ela vai se esforçar mais. São agradecimentos. Quando a pessoa com TDAH agradece por sua ajuda e seu apoio, em vez de se desculpar constantemente (o que, às vezes, é chamado de "bajulação"), é nesse momento que você encontrou o verdadeiro tesouro da convivência.

COMO AJUDAR UMA PESSOA COM TDAH QUE ACREDITA QUE NÃO ESTÁ SE ESFORÇANDO O SUFICIENTE

É provável que pessoas com TDAH convivam com uma crítica interna severa, que constantemente as culpa, informando que, se apenas se esforçassem mais, resolveriam todos os seus problemas. Elas vivem em um estado constante de ansiedade, lutando desesperadamente para crescer e, muitas vezes, se deparando com o fracasso. Isso resulta em uma autoestima extremamente baixa.

É essencial ajudá-las a entender que, por mais que tentem, elas não curarão seus sintomas de TDAH. E está tudo bem.

Portanto, procure criar um ambiente em que elas se sintam seguras para serem honestas a respeito de seus desafios. O novo padrão a ser adotado deve ser simplesmente fazer o melhor possível.

Vejamos algumas sugestões sobre como criar um ambiente tranquilo e mais gentil...

1. **COM MUITA DELICADEZA, CONFRONTE AS CRENÇAS EQUI-VOCADAS** — Pessoas com TDAH acreditam que se esforçar mais eliminará seus sintomas. Não é bem assim. Nunca foi. E nunca será. As promessas de se esforçar mais e melhorar só geram decepção para todos no relacionamento. Ajude a pessoa a compreender que dar o melhor de si é tudo o que pode, de fato, fazer. Por exemplo: enviar

uma mensagem de texto para um amigo e dizer "Desculpe ter ignorado sua mensagem. Vou me esforçar para que isso nunca mais aconteça!" é uma falsa promessa. As pessoas com TDAH realmente acreditam nisso no momento, mas esse tipo de promessa as prepara para o fracasso. A honestidade é mais eficaz do que promessas que não podem ser cumpridas.

2. **VALORIZE-AS** — As pessoas com TDAH provavelmente ouviram muitos comentários negativos ao longo da vida e internalizaram uma visão negativa de si mesmas, o que as levou a um desejo desesperado de mudança. Afirmar que reconhece o esforço delas e que sente orgulho é essencial para começar a mudar essa narrativa. Foque as áreas em que elas são mais críticas consigo mesmas, como esquecer objetos ou manter a organização. Essas são as áreas em que precisamos reconhecer o incrível esforço que estão fazendo.

3. **AJUDE NO QUE PUDER** — A prática de *body doubling* com a pessoa que tem TDAH, que envolve estar ao lado dela enquanto enfrenta uma tarefa difícil, é muito mais eficaz do que tentar humilhá-la. Ajudá-la a encontrar o celular perdido é mais produtivo do que simplesmente pedir a ela que preste atenção para não o perder. É fundamental aceitar que o TDAH provoca sintomas além do controle da pessoa e é essencial estar presente para apoiá-la quando for necessário. Controle a vontade de sugerir mudanças ou de ficar irritado por causa de um erro justificável. Se você pode ajudar, por que não faz exatamente isso?

4. **MANTENHA A CALMA** — Um aspecto importante do TDAH é a desregulação emocional, que pode ser desencadeada por situações como perder algo, se atrasar, receber críticas e por muitos outros fatores. Um sistema nervoso equilibrado e estável oferece a segurança e a regulação de que a pessoa com TDAH necessita. Às vezes, quando Rox está em pânico, tudo o que preciso fazer é envolvê-la em meus braços. Ela pode chorar, respirar fundo, se acalmar e, assim, se sentir infinitamente melhor.

DISSIPANDO O MITO

Se a pessoa disser

~~Não estou me esforçando o suficiente.~~

Tente dizer isto:

Você está dando o seu melhor.

Você não precisa fazer isso sozinha(o).

MITO RELACIONADO AO TDAH #3: EU LARGO TUDO O QUE COMEÇO

Escrito por Rox

Sabe-se que são necessárias 10 mil horas de prática e dedicação para se tornar um especialista em qualquer área. Consciente disso, vejo a importância de reconhecer que sou uma verdadeira especialista em abandonar projetos. Não pretendo soar arrogante, mas é fundamental que você saiba que está aprendendo com alguém que realmente tem experiência nessa área. Portanto, se não se importar, gostaria de compartilhar algumas das minhas diversas credenciais nesse campo.

AS DESISTÊNCIAS DE ROX

→ 23 empregos
→ 10 relacionamentos
→ 89 atividades criativas
→ a segunda temporada de *The Walking Dead*
→ 100% das inúmeras dietas que já comecei
→ 100% de tentativas de ser organizada

CITAÇÃO DE UM EX-EMPREGADOR

Sua habilidade de abandonar o trabalho após três meses de contratação foi algo único. Não houve aviso prévio nem uma explicação detalhada, apenas uma mensagem de texto enviada em uma sexta-feira à noite, e ela nunca mais voltou. Se estiverem buscando alguém para integrar sua equipe, não encontrará uma desistente mais qualificada que Roxanne.

REFERÊNCIAS FAMILIARES

Minha filha sempre foi de largar tudo desde cedo. Desistiu das aulas de piano, do sonho de estudar na Universidade de Oxford, de quase todos os pobres coitados com quem se relacionou e de todos os empregos que ela acreditava serem perfeitos para a vida que desejava levar. Sua habilidade de desistir nunca deixa de me surpreender.

Meu histórico é impecável. Sou extremamente qualificada — tenho doutorado em desistência. Na verdade, eu poderia ministrar uma conferência TED sobre o assunto. O público ficaria encantado com as pérolas de sabedoria que eu compartilharia. Seria algo mais ou menos assim:

... É necessário aguardar o momento perfeito, quando todas as condições se alinham. Esse é o instante em que nos sentimos genuinamente envolvidos em algo especial e as pessoas ao nosso redor começam a acreditar que um milagre ocorreu, trazendo-nos um novo propósito de vida que será duradouro. Nesse momento, comunicamos nossos planos a amigos e familiares com total confiança e investimos uma quantia significativa de dinheiro na realização de nossos sonhos. E quando nos sentimos prontos para dar o próximo passo e finalmente alcançar todo o nosso potencial... BUM. Percebemos que esse é o momento certo para desistir. Então, largamos todo aquele potencial no meio do caminho. Deixamos os sonhos morrerem. É perfeito... Todos já estavam meio que esperando por isso, mas nossa incrível confiança os enganou mais uma vez. É assim que se desiste com classe.

Sinceramente, muitas vezes me pego rindo para não chorar. A desistência vem carregada de vergonha e confusão. Toda vez que inicio algo novo, tenho essa crença ingênua de que, desta vez, será diferente. Por um lado, pode ser visto como um ato de insanidade, ecoando a famosa frase de Albert Einstein: "Insanidade é fazer sempre a mesma coisa e esperar resultados diferentes". Por outro lado, é um sinal de incrível resiliência — sonhar frequentemente com um futuro melhor, apesar de todas as evidências em contrário.

Desenvolvi minhas habilidades de desistente ainda muito jovem. Desde meu primeiro empreendimento comercial, aos 9 anos, até minha decisão de parar de aprender piano no sétimo período de um curso de oito anos, sempre abandonei as coisas nos momentos mais inoportunos, gerando aborrecimento em quem estava ao meu redor. No entanto, só me tornei uma verdadeira campeã na arte de desistir quando deixei meu primeiro emprego enquanto ainda estava na graduação. Foi nessa época que entrei na "liga profissional".

Na vida, há um conjunto — em geral, enigmático — de regras e expectativas neurotípicas que comandam nosso comportamento. Ninguém nos informa nada sobre essas regras, não as explicam nem questionam se elas são adequadas para nós. Elas simplesmente existem. Devemos intuí-las, observando como nossos amigos bem-sucedidos escolhem viver e para onde uma vida bem-sucedida aparentemente os leva. E, independentemente do que fizermos, não devemos nos desviar desse caminho. Se nos desviarmos, correremos o risco de sermos vistos como desistentes, preguiçosos ou fracassados.

Estas são as regras neurotípicas para o sucesso (que ninguém nunca lhe ensinou):

1. Deixe que uma paixão floresça durante a adolescência.
2. Explore essa paixão no ensino médio e, talvez, na universidade.
3. Conquiste seu primeiro emprego nessa área de interesse.
4. Prograda na carreira.
5. Aposente-se aos 65 anos e receba um relógio de ouro e um cartão assinado por todo o pessoal do escritório.

Fiz de tudo para seguir essas regras. Fiz faculdade e consegui um emprego durante a graduação em uma empresa de contabilidade. Mesmo que tentasse, eu nunca teria escolhido um trabalho mais inadequado! Mas esse era o caminho esperado, e eu o segui da melhor maneira que pude.

Abandonar o estágio no escritório de contabilidade depois de três meses foi uma decisão memorável e extremamente vergonhosa para mim. Sentia como se estivesse decepcionando toda a minha família e desperdiçando uma oportunidade incrível. Aguentei o máximo que pude, mas, em dezembro de 2006, minha mãe faleceu depois de lutar por três anos contra um câncer. De uma forma estranha, isso foi o que me possibilitou deixar o emprego. Enfim, eu tinha um motivo para sair da empresa que não estava apenas relacionado ao fato de eu ser uma desistente. Havia uma razão pela qual as pessoas precisariam ser compreensivas e entender minha decisão. Apenas dizer que eu estava profundamente desconfortável e enfrentando dificuldades com o trabalho não era uma justificativa aceitável para mim.

Mesmo assim, eu sabia que precisava encontrar outro emprego o mais rápido possível. Um trabalho no qual eu pudesse permanecer pelo resto da minha vida.

Então, lá fui eu me candidatar a outros empregos. Ao mesmo tempo, eu estava profundamente enlutada pela morte da minha mãe e não recebia nenhum apoio. Eu me sentia completamente desesperançada e perdida sem minha mãe, pois ela era a única pessoa que me olhava com gentileza e amor, não importava o quanto eu fracassasse nas tarefas básicas. No entanto, eu estava tão acostumada a agir como se estivesse bem, a fingir que tinha as coisas sob controle, que nunca compartilhei com ninguém o quão difícil estava sendo viver sem minha mãe. Eu não tinha palavras para expressar ao meu pai ou a qualquer outra pessoa a dor que sentia.

Nunca falávamos sobre sentimentos e emoções em minha casa durante os anos em que vivi com meus pais. Escondíamos as coisas difíceis sob o tapete, engolíamos a dor e continuávamos a viver normalmente. Relacionamentos, abuso, câncer... quanto mais sério fosse o assunto, menor era a probabilidade de minha família abordá-lo. Diante disso, não consegui pedir a ajuda que tanto almejava após a morte de minha mãe. Meu pai seguiu em frente à sua maneira, casando-se com uma mulher que eu conhecia havia muito tempo. A casa da minha família se tornou a casa deles, e meu quarto passou a ser o *closet* dela. É estranho como uma ação aparentemente pequena, como redecorar uma sala, pode deixar cicatrizes tão profundas. Eu não era mais bem-vinda, e isso já não importava mais. Essa foi a mensagem que acabou se entranhando em mim. Meu pai, é claro, merecia felicidade e companhia, mas me entristece que isso, muitas vezes, tenha acontecido à minha custa. Às vezes, eu me pergunto se as coisas poderiam ter sido diferentes se eu tivesse palavras adequadas para demonstrar a ele o quão perdida eu estava.

Meus amigos também não sabiam. Uma de minhas amigas mais próximas, há pouco tempo, me enviou um longo pedido de desculpas por não ter me consolado quando minha mãe faleceu. Ela explicou que realmente não sabia o quanto eu estava sofrendo. Não nutro absolutamente nenhum ressentimento em relação a ela ou a qualquer um dos meus amigos por não terem percebido isso. Quando somos forçados a mascarar nossos problemas por toda a vida, nos tornamos muito bons nisso. As pessoas veem o exterior feliz e hiperativo e não têm ideia de como nos sentimos sozinhos por dentro.

Entorpecendo a dor com uma mistura de álcool e esquivas, comecei a procurar um novo trabalho. Um emprego que, desta vez, não seria abandonado. A busca por novos empregos é um terreno fértil perfeito para o hiperfoco. Novos pequenos desafios para me obcecar e vencer. Ninguém ficará surpreso ao saber que minha decisão de encontrar um emprego que duraria para sempre não deu certo; nos anos seguintes, eu me candidataria a diversas vagas, seria contratada e largaria muitos empregos na minha busca desesperada por um lugar ao qual eu pertencesse.

Acontece que eu era ótima em conseguir empregos, mas não tão boa em permanecer neles. Entre os 20 e os 30 anos, exerci as seguintes funções:

- → assistente editorial de uma revista sofisticada de beleza e moda
- → coordenadora de eventos em uma instituição de caridade de combate ao câncer
- → assistente de equipe em uma empresa de investimentos
- → cantora e compositora
- → estagiária de vendas/negociante em um banco de investimentos
- → mixóloga* em um bar
- → assistente em uma gravadora

---

* Pessoa especializada em elaborar e preparar coquetéis com bebidas, frutas e diversos outros ingredientes. (N.E.)

→ empresária de artistas

→ *designer* gráfica

Cada um desses empregos durou de algumas semanas a alguns anos. Eu não estava satisfeita em nenhum deles. Minha vida foi marcada por uma instabilidade constante. Cada mudança de emprego me fazia sentir que eu estava começando tudo do zero. Em cada novo emprego que conseguia, eu começava em uma posição de nível inicial, enquanto meus amigos já estavam recebendo suas primeiras promoções nas carreiras que haviam escolhido. Com o tempo, eu estava ficando cada vez mais para trás, bem distante dos picos de sucesso do mundo neurotípico. Enquanto ia para o meu turno no bar, eu curtia alguma postagem no Facebook sobre a promoção de alguém.

Cada novo emprego que eu vislumbrava ser a solução acendia meu cérebro como um espetáculo de fogos de artifício movido a dopamina, mas, com o tempo, todos acabavam me deixando ainda mais sobrecarregada.

O que realmente estava acontecendo?

Faz pouco tempo que descobri que existe um ciclo de interesses associado ao TDAH, e, como minha tendência a mudar de emprego com frequência é, na verdade, bem comum entre pessoas neurodivergentes, isso não é uma evidência de que eu era irremediável. Fazia total sentido, considerando o modo como meu cérebro funcionava e a forma como meus interesses e minhas paixões se desenvolviam e mudavam. Pela primeira vez, olhei para minha vasta coleção de empregos "fracassados" e enxerguei o que realmente estava acontecendo; eu era uma pessoa com TDAH não diagnosticado tentando encontrar uma carreira.

Vou compartilhar aqui o ciclo de interesses, na esperança de que ele possa ter um efeito libertador para você também.

O "CICLO DE INTERESSES" DO TDAH

1. Descubra algo novo que pareça ser o propósito de sua vida.
2. Mantenha seu hiperfoco nele e transforme-o em seu novo trabalho.
3. Acredite que é a melhor coisa de todos os tempos.

4. Perca o interesse pelo tema.

5. Sinta-se sem esperança e desmotivado.

6. Desista.

7. Sinta uma vergonha incontrolável.

8. Recomece o ciclo.

Eu vislumbrava o sucesso como se fosse uma linha reta, desde o interesse adolescente até uma carreira duradoura, para o restante da vida. No entanto, isso está totalmente em desacordo com a forma como a mente da pessoa com TDAH funciona. A mente de quem tem TDAH é movida pela novidade. É por isso que as primeiras semanas em um novo emprego sempre foram extremamente emocionantes para mim! E é por isso que, depois de algum tempo, o trabalho se tornava uma tortura. Mesmo sem saber, eu estava trabalhando contra mim mesma, tentando me encaixar mais uma vez em espaços redondos, consciente de que eu era uma peça quadrada.

Então, deixe-me trazê-los para a minha realidade atual: sou cantora e compositora. Faço um trabalho que eu amo e que me renderia um salário digno se eu não gastasse todo o dinheiro que ganho para produzir videoclipes. Além disso, produzo também conteúdo educacional sobre TDAH na internet e estou escrevendo meu segundo livro. (Se você está lendo isso... é sinal de que eu consegui!) Para quem me vê de fora, parece que estou vivendo uma vida bem-sucedida, um contraste marcante com os tempos de *couchsurfing** e dívidas avassaladoras de apenas cinco anos atrás. Eu realmente adoro meus empregos atuais e encontrei estabilidade financeira e na vida amorosa.

Descobrir que eu tinha TDAH foi o ponto de partida para reavaliar toda a minha vida e as expectativas que criei sobre mim mesma. De repente, a criança que desistia de tudo tornou-se uma jovem com um cérebro ávido por novidades, fazendo o que estava programada para fazer. Aos poucos, deixei de lado a vergonha e o peso de não atender aos padrões neurotípicos e comecei

---

* Hospedar-se de modo informal na casa de alguém por um curto período. (N.T.)

o maravilhoso e difícil processo de criar uma vida que se encaixasse na forma como eu funciono.

Tentar adotar um comportamento neurotípico quando você tem um cérebro com TDAH é incrivelmente desconfortável. É hora de escrever nossas próprias regras, redefinindo uma visão de sucesso que seja acessível para nós e que se alinhe com a maneira como nossos cérebros funcionam. Precisamos criar um espaço em que a novidade seja valorizada, ter consciência de que mudar de ideia é aceitável e ter orgulho da forma como nossos cérebros funcionam, e não vergonha.

O *usuário 890765444*, certamente, comentará:

> *Então, você está dizendo que não há problema algum em desistir de tudo, não se esforçar e nunca conseguir realizar coisa alguma?*

Em resposta, eu diria:

> *Claro que não! É muito importante ser persistente. Resiliência e esforço constante são habilidades incríveis! Mas se conhecer profundamente e saber quando é hora de se afastar de alguma coisa, ou de alguém, também é importante. Aprendemos tanto sobre o que não é certo para nós que acabamos nos aproximando naturalmente do que é correto.*

Eu não teria alcançado a felicidade que sinto hoje se não tivesse abandonado um milhão de coisas que não eram corretas, que aconteceram antes. Agora, vejo o ato de desistência como algo muito corajoso! Em meio à pressão do mundo exterior e das regras neurotípicas, impor-se e dizer "Não, obrigado!" quando algo não nos faz feliz é uma atitude corajosa e essencial para muitos de nós. Algumas pessoas engrenam em uma profissão que adoram ou começam um relacionamento com alguém que amam bem cedo na vida, e isso é ótimo para elas! Outras precisam fracassar e desistir várias vezes até encontrar o que realmente funciona.

Conscientes disso, também precisamos nos proteger de alguns de nossos pensamentos e comportamentos mais impulsivos. Curar a crença enraizada de que eu era uma "desistente" e fracassada não era suficiente para me levar a interromper esse padrão. Apenas serviu para que eu parasse de começar tantas coisas que não iria conseguir terminar. Este é o primeiro truque transformador que eu, como uma gabaritada "desistente", posso compartilhar: se não for terminar, não comece. Não estou dizendo para não dar início a nada, mas, sim, para ser ponderado, cuidadoso e atencioso em relação ao que vai empreender. A propósito, não tenho nenhuma dessas qualidades, mas, felizmente para mim, meu maravilhoso parceiro as tem de sobra, então, ele me ajuda a aplicar esse foco.

Para quem tem TDAH, a realização pode ter uma aparência muito diferente. Não é uma linha reta subindo em uma única direção, mas, sim, um milhão de pequenas montanhas-russas que nos transportam para todos os lados. Uma delas pode nos levar ao propósito de nossa vida; outra, a um hiperfoco de dois dias. Quem sabe? Há lições a serem aprendidas e conquistas a serem alcançadas a cada novo interesse.

Muitos grandes negócios, várias invenções incríveis e diversas histórias de amor partiram de alguém que tinha um sonho maluco. Alguém que tentou e fracassou muitas vezes antes de encontrar seu lugar. Por isso, um viva aos desistentes! Aos que têm a coragem de dizer "Não, obrigado!" quando algo não parece bom e, em seguida, vão em busca de algo melhor.

DESTRUINDO O MITO DO "EU LARGO TUDO O QUE COMEÇO"

Se você tem TDAH, é provável que tenha experimentado mais empregos e interesses do que a maioria das pessoas. Infelizmente, muitas vezes, isso vem acompanhado de vergonha. A sociedade impõe uma regra não consagrada de que desistir é algo ruim, e isso pode nos levar a sentir que a quantidade de projetos abandonados é um fardo. A questão "Por que não consigo me dedicar a uma única coisa?" acaba se tornando mais um tormento.

Eis uma perspectiva diferente: muitas vezes, desistir pode ser um caminho essencial para o sucesso. Enfrentar a vergonha de desistir nos faz evitar o esgotamento, a frustração, e nos impede de ficarmos presos a empregos que detestamos e, ainda, pode nos levar ao encontro de uma nova ideia, que talvez seja a que estávamos em busca o tempo todo.

Vejamos algumas coisas para manter em mente...

1. **A DESISTÊNCIA PODE SER BOA** — Não há sentido em nos forçarmos a passar a maior parte da vida fazendo algo que não nos traz satisfação. Não existe recompensa por permanecer em situações que não nos satisfazem. Quando o trabalho se torna uma fonte de descontentamento, não deve haver vergonha de buscar novas oportunidades. Permanecer em um emprego apenas por medo de ser julgado pelos outros é viver de acordo com normas sociais que não foram feitas para nós. É fundamental deixar de lado a vergonha de mudar de rumo e dedicar-se a algo que realmente desperte nosso interesse e que seja uma escolha adequada.

2. **DIVERSÃO SEM PRESSÃO** — As conexões em nosso cérebro priorizam a novidade. Não devemos nos privar de experiências que nos fazem bem apenas porque não se encaixam na definição de "sucesso" dos outros. Não é necessário monetizar todos os nossos hobbies ou mantê-los por longos períodos. Podemos aprender a fazer sabonetes e velas, trabalhar com resinas, produzir sites, compor uma música ou publicar um podcast seguindo o que realmente nos motiva. É importante desfrutar do processo de descoberta e aprender novas habilidades sem compromissos. Podemos descobrir, dessa forma, algo que se transforme em uma carreira duradoura, que se torne apenas uma empreitada de dois anos ou que seja, até mesmo, um hiperfoco de uma tarde. É essencial nos permitirmos a liberdade de usufruir nossos interesses sem ficarmos presos a regras e regulamentos.

3. **VIVEMOS EM UM MUNDO NEUROTÍPICO** — O sucesso é frequentemente visto como a conquista de uma série de realizações em

momentos específicos da vida: estudar para obter um diploma, conseguir um emprego, obter uma promoção e, por fim, se aposentar. É uma linha reta que leva a um destino final. No entanto, esse caminho não costuma ser o mais adequado para uma pessoa com TDAH. Não há vergonha em trilhar um caminho diferente; na verdade, é algo de que devemos nos orgulhar. Sigamos confiantes em direção aos nossos sonhos, para onde quer que eles nos levem.

4. **A IMAGINAÇÃO É MÁGICA** — A parte de nós que anseia por aventuras, empreendimentos e expressões criativas é sagrada. É essa luz que nos guiará em direção a um futuro inesperado e belo. Com o autoconhecimento e o apoio adequado, nossa criatividade e nossa visão se tornam o mapa mais valioso para um futuro gratificante. Jamais devemos diminuir nossa luz em virtude dos outros. Se 99 sonhos não se concretizarem, o único que se realizar fará tudo valer a pena.

DISSIPANDO O MITO

Em vez de dizer

~~Eu largo tudo o que começo.~~

Tente dizer isto:

Eu tenho diversos interesses.

Eu mereço trabalhar em uma profissão da qual eu goste.

"NÃO HÁ PROBLEMA EM MUDAR DE DIREÇÃO"

Escrito por Rich

Quando conheci Rox, fazia *vinte anos* que eu estava no mesmo emprego. Eu segui minha carreira de caixa a gerente de um dos maiores bancos do Reino Unido. Em nosso segundo encontro, isso levou a uma conversa muito interessante...

Rox: Então, quantos empregos você teve além do banco?

Eu: Nenhum. Na verdade, trabalho lá desde os meus 16 anos! E você? Quantos empregos você já teve?

Rox: Ah, uau... Um emprego? Bem, minha vida vai parecer louca depois disso...

Eu: Sim. Me conta.

Rox: Trabalhei em uma lanchonete, eu era a garota do caixa... Trabalhei em muitos *pubs* durante anos. Trabalhei em uma instituição de caridade de combate ao câncer e num banco de investimentos. Fui estagiária num escritório de contabilidade por alguns meses, trabalhei como assistente pessoal, trabalhei para um DJ, trabalhei em uma gravadora, atuei em uma empresa de gestão de negócios, fui cantora e compositora por um tempo, fiz *freelance* de *design* gráfico, trabalhei com marketing de eventos... Tenho certeza de que há muito mais coisas, das quais me esqueci.

Eu: Você tem um currículo bem abrangente. Posso perguntar uma coisa? Como você conseguiu ter tantos empregos?

Rox: Honestamente? Eu largo tudo o que começo. Não é uma característica da qual me orgulho, mas é a verdade.

Ela encolheu os ombros. Vi a pessoa maravilhosa, brilhante, gentil e divertida que eu estava conhecendo ser dominada pelo constrangimento. Mais tarde, ela me confessou que realmente achou que eu não iria querer mais manter contato com ela, pelo fato de ela se considerar uma perdedora. A verdade é que eu não conseguia entender como essa *emo* incrível de cabelo azul estava interessada em um gerente de banco tão chato! É impressionante como frequentemente desvalorizamos nossas escolhas, não é?

De todo modo, com a ajuda de seu terapeuta e algum apoio de minha parte, Rox tomou algumas decisões sensatas e tem trabalhado constantemente como cantora e compositora nos últimos anos. É o único trabalho pelo qual ela nunca perdeu o interesse, é sua paixão eterna. Com o apoio certo em casa e a terapia, que a levou a trabalhar muitos traumas de seu passado, Rox encontrou estabilidade. No entanto, aquela parte dela que estava sempre procurando algo novo, buscando novidades e mudando de direção de maneira impulsiva ainda está conosco. Só que agora ela se manifesta de uma forma diferente. E eu tive que aprender a conviver com isso muito rápido...

Uma vez, no ano passado, ouvi uma batida na porta. Abri e me deparei com um entregador segurando três pacotes grandes.

— Querida, tem alguma ideia do que seja isso? — perguntei a Rox, que já vinha correndo ansiosa em direção à porta.

— Não faço ideia — disse ela, enquanto pegava os pacotes e começava a desembrulhá-los.

— Ahhh... Minhas botas! — gritou Rox.

Então, ela começou a empilhar vários calçados de couro e ferramentas na mesa da cozinha. Rox tinha encomendado aquilo já fazia algum tempo e, depois, simplesmente se esqueceu.

— O que está acontecendo, querida?

— Vou começar a customizar calçados para góticos!

E foi isso. Nas duas semanas seguintes, nossa cozinha se transformou em uma oficina. Rox se dedicou a fazer furos e a adicionar pontas e correntes aos sapatos. Pintava flores e corações nas laterais. Ela estava totalmente envolvida em seu novo empreendimento. Customização era tudo de que conseguia falar. Ela assistia várias vezes a diversos vídeos do YouTube para aprender as técnicas adequadas, e cada nova criação a deixava imensamente orgulhosa e feliz.

Até que, um dia, isso deixou de acontecer. A alegria se esvaiu, e o negócio, aos poucos, começou a se dissipar antes mesmo de ela fazer sua primeira venda. Percebi que ela parecia envergonhada pelo fato de as coisas não terem funcionado como havia planejado, pelo fato de as promessas e os planos empolgantes que tinham sido o centro das nossas conversas terem desaparecido.

— Querida, o que aconteceu com as botas?

— Acabou a dopamina delas.

— Não diga mais nada.

Reuni todas as ferramentas e os equipamentos e os guardei no que chamamos carinhosamente de cemitério de hobbies, trocando um pote de resina e um kit para fazer sabonetes de lugar a fim de abrir espaço para os novos objetos. Embora Rox parecesse envergonhada (como eu disse), eu não me importo mais quando ela desiste de algo, porque não existe em mim essa expectativa de que as coisas vão durar para sempre. Hobbies existem para nos divertir enquanto durarem. Conscientes disso, tivemos que nos esforçar muito para chegar a esse ponto. Nós dois tivemos de ser mais compreensivos.

Veja bem... Rox e eu somos opostos quando se trata de escolher um projeto. Para mim, funciona da seguinte maneira:

1. Eu tenho tempo?
2. Eu quero mesmo fazer isso?
3. O que eu preciso sacrificar para fazê-lo?
4. Faz sentido fazer isso?

Se todas essas perguntas forem respondidas de forma satisfatória, tomo uma decisão e me comprometo com ela.

Para Rox, esse tipo de questionamento não existe. No instante em que uma ideia surge, ela já começa a trabalhar nela. O equipamento está sendo comprado e os nomes de domínio foram registrados. Nunca a vi como alguém que desiste. (Além do fato de ela ter parado de beber antes de nos conhecermos, desistir de determinadas coisas pode, realmente, mudar sua vida!) Eu a via apenas como uma pessoa altamente criativa, talvez um pouco impulsiva, alguém que não hesita em investir dinheiro ou tempo em atividades empreendedoras.

Entretanto, eu descobri, enfim, que o verdadeiro desafio de Rox não é *desistir*, mas, sim, *começar*. Eu via o padrão se repetir claramente: uma nova hiperfixação surgia, ela se tornava obcecada e totalmente consumida, gastava tempo e dinheiro e, então, ao se comprometer demais e se sentir sobrecarregada, acabava desistindo e se sentindo um fracasso. Eu sabia que, se pudesse ajudá-la a iniciar menos coisas, ela acabaria desistindo com menos frequência.

Então, como ajudar uma pessoa com TDAH, empolgada e entusiasmada, que está inundada de dopamina por causa de uma nova ideia, a desacelerar? Assim, eu criei o sistema de três etapas que utilizo para ajudar a Rox.

1. Em primeiro lugar, eu a ajudo a diferenciar entre o *sonhar* com a coisa e o *fazer* a coisa. Muitas vezes, Rox fica tão animada com o planejamento quanto com a execução — às vezes, até mais. É toda a criatividade sem o esforço, toda a diversão sem os desafios. Esse é o primeiro estágio da escala.

2. Em seguida, entro no universo dela. Acredito que ouvir e se envolver com as novas hiperfixações deve ser considerado uma forma de "linguagem amorosa" para quem tem TDAH. Para Rox e para mim, isso significa que vamos planejar e sonhar juntos, mas sem tomar atitudes concretas, como comprar equipamentos ou nos candidatar a um novo emprego.

3. Por fim, se ela ainda sentir a necessidade de agir com base em sua nova ideia, eu uso a lista de verificações apresentada a seguir. Ela tem nos ajudado a filtrar muitas ideias de negócios incríveis, mas inoportunas, caras ou inadequadas. Esse processo nos levou a economizar muito dinheiro e tempo, além de nos fazer evitar o ciclo de inícios e fracassos de Rox.

LISTA DE VERIFICAÇÕES (PERGUNTAS)

1. Essa ideia está alinhada ao seu propósito de vida?
2. Qual é o custo envolvido?
3. Você tem tempo para se dedicar de verdade a essa ideia?
4. Essa ideia se adéqua a seus pontos fortes?
5. A ideia é compatível com as necessidades e os desafios das pessoas com TDAH?
6. Essa ideia tem potencial para manter seu interesse em longo prazo?
7. Você está disposta a sacrificar projetos atuais para se dedicar a algo novo?
8. Existe a possibilidade de obter um bom retorno financeiro com essa ideia?

Depois de respondermos a essas perguntas, Rox frequentemente se convence de que é melhor deixar a ideia apenas no estágio de planejamento. Quando uma ideia passa no teste, Rox se dedica a ela com muito mais afinco. Este livro é um exemplo perfeito disso.

COMO AJUDAR UMA PESSOA COM TDAH QUE ACREDITA QUE DESISTE DE TUDO O QUE COMEÇA

O cérebro com TDAH está configurado para buscar novidades, então, devemos garantir que a inovação seja incentivada e celebrada. No entanto, também é importante estar presente para ter conversas honestas, ajudando a avaliar novas ideias que possam ser transformadoras. Pessoas com TDAH iniciam muitas coisas porque são extremamente criativas e motivadas! Isso é mesmo incrível. No entanto, dar início a muitos projetos inevitavelmente as leva a abandonar alguns, e é nesse momento que podemos ser úteis.

Vejamos algumas dicas para ajudar as pessoas com TDAH a parar de desistir.

1. **NÃO É UMA VERGONHA DESISTIR** — O cérebro de uma pessoa com TDAH está sempre predisposto a buscar novidades. Se o trabalho atual não proporciona isso, procurar algo novo pode ser uma forma de

cuidado pessoal. Não devemos ter vergonha de desistir de atividades que não nos enchem de satisfação ou não são úteis. Quantas pessoas passam a maior parte da vida em empregos que detestam e acabam se arrependendo? O desconforto que as pessoas com TDAH podem sentir é, na verdade, um sinal valioso, que pode ajudá-las a garantir que vivam uma vida da qual se orgulhem.

2. AJUDE A PESSOA COM TDAH A VERIFICAR A PRATICIDADE DO SEU PROJETO — Nunca tente desestimular a imaginação e as fantasias de uma pessoa com TDAH. Essas ideias são fontes significativas de emoção e alegria, e a visão que elas têm do futuro pode levá-las a lugares notáveis. A criatividade, a motivação e a paixão são qualidades extremamente valiosas. Em vez disso, ajude a pessoa a avaliar a viabilidade de suas ideias à medida que surgirem. Utilize as perguntas sugeridas na página 70 para aprender a verificar se essas ideias são práticas. Conversas honestas com a pessoa com TDAH podem levá-la, com frequência, à conclusão de que talvez o momento atual não seja o mais adequado para pôr uma nova ideia em prática.

3. TENTE FAZER AJUSTES — Uma das razões pelas quais Rox conseguiu encontrar estabilidade em seu trabalho atual por um longo período é que ela implementou nele vários ajustes benéficos. Ela se permite pausas para recarregar suas energias, e seus colegas de trabalho estão cientes de seu TDAH e oferecem apoio para seus comportamentos específicos. Além disso, ela recebe ajuda com a administração de suas tarefas. Embora nem todas as pessoas com TDAH tenham acesso a esse nível de apoio, cada vez mais empresas e escolas estão começando a oferecê-lo. Esses ajustes podem ser essenciais para evitar que uma pessoa com TDAH se sinta sobrecarregada, e sempre vale a pena discutir e buscar essas possibilidades.

4. COMPARTILHE AS FANTASIAS DA PESSOA COM TDAH — Mergulhe na fantasia de um novo emprego ou de um empreendimento criativo com a pessoa com TDAH. Permita que a mente dela explore todas as possibilidades, sem limitações. Às vezes, apenas compartilhar esse espaço imaginativo pode proporcionar uma dose de dopamina suficiente, e talvez, assim, a pessoa decida não prosseguir com a ideia. É uma forma divertida de testar a imaginação e desfrutar do processo juntos! Assim como algumas pessoas gostam de jogos de tabuleiro ou de praticar escalada, muitas pessoas com TDAH se divertem sonhando e explorando novas ideias. Experimente fazer um "jogo da vida" e explorar todas as suas infinitas possibilidades — é muito mais divertido e menos frustrante do que uma partida de Banco Imobiliário.

DISSIPANDO O MITO

Se a pessoa disser

~~Eu largo tudo o que começo.~~

Tente dizer isto:

Não há problema em mudar de direção.

Não existe um único caminho para o sucesso.

MITO RELACIONADO AO TDAH #4: EU SOU BURRO

Escrito por Rox

Durante toda a minha vida adulta, fui assombrada por um sentimento constante de inadequação intelectual. Eu imaginava que meus colegas tivessem sido discretamente chamados, por volta dos seus 12 ou 13 anos, e recebido um manual secreto que eles nunca deveriam compartilhar comigo. O título desse enigmático livro seria algo mais ou menos assim:

O MANUAL NEUROTÍPICO PARA A VIDA

E esse manual conteria os seguintes capítulos:

- → Como manter um quarto arrumado (e não recorrer ao *armário de chão*)
- → Como elaborar um orçamento eficaz (e não viver no limite do cheque especial)
- → Como concluir tarefas pontualmente (em vez de deixá-las para o último minuto)
- → Como lavar roupas (e lembrar-se de realmente tirá-las da máquina...)
- → Como se comportar em situações sociais (em vez de encará-las de forma desajeitada)
- → Como manter contato com os amigos (e realmente responder às mensagens de texto)
- → Como montar móveis da Ikea (sem ter um colapso mental)

Imagino os pais lendo para os filhos todas as noites antes de dormir, respondendo pacientemente a cada pergunta e utilizando recursos visuais para garantir que eles compreendam com plenitude o modo de dominar essas habilidades, que, embora sejam simples, são absolutamente essenciais.

— Entendeu tudo agora, Johnny? — perguntaria o pai carinhoso ao jovem atento. — É muito importante que você entenda e aplique isso, se quiser cuidar de si mesmo no futuro.

Sinceramente, eu gostaria, de verdade, que existisse esse manual secreto. Pelo menos, isso justificaria por que eu não sabia como fazer as coisas e por que tudo parecia tão difícil para mim. Infelizmente, esse manual não existe (embora eu ainda tenha minhas dúvidas). Portanto, a única conclusão lógica a que pude chegar ao ver todos ao meu redor prosperarem enquanto eu fracassava era que eu devia ser incrivelmente burra.

Curiosamente, porém, na infância, eu não me via como alguém burra. Quando eu tinha 11 anos, por exemplo, já resolvia jogos de lógica com meus pais. Eu os completava com tanta facilidade que eles começaram a suspeitar de que eu fosse superdotada — um rótulo interessante e positivo. Ao olhar para trás, agora, não posso deixar de me perguntar se o que eles realmente estavam testemunhando era o TDAH em ação: a capacidade de resolver problemas, o hiperfoco, a criatividade. Eles percebiam tudo o que a sociedade considerava um benefício, mas não enxergavam os desafios que vinham junto. Os jogos de lógica iluminavam meu cérebro jovem. Meu hiperfoco era ativado, e eu não via mais nada até encontrar a solução. Naturalmente, fui elogiada por ser "extremamente inteligente" para minha idade e comecei a acreditar que este era meu valor na vida: ser inteligente. Decidi que essa seria a maneira de conquistar o amor e o respeito das pessoas.

Por outro lado, na escola, eu costumava ficar distraída, então, era rotulada como problemática, mas, na hora das provas, acabava tirando nota 10 depois de uma longa noite de hiperfoco obsessivo em livros didáticos que estavam sendo abertos pela primeira vez. A intensa pressão da prova marcada para as 9h me colocava em um estado de superfoco! Eu conseguia ler longos trechos de texto e reter as informações acessando uma parte da minha memória que normalmente estaria fora de alcance. No dia seguinte, conseguia escrever respostas quase idênticas, palavra por palavra. Eu nunca entendi realmente o que estava fazendo; via isso apenas como um jogo contra o sistema, tentando me lembrar de tudo o máximo possível. Agora, que compreendo o TDAH e como a urgência pode nos motivar, entendo perfeitamente o que estava fazendo: eu adiava a ação até o último momento possível porque precisava do estresse e da pressão extrema para trabalhar de forma eficaz. Claro, na época, eu não tinha ideia do que estava acontecendo.

Minha principal crença na infância era: "Eu sou muito inteligente e estou destinada a grandes coisas!". Avançando para meus 25 anos: eu vivia em um apartamento desorganizado, estava afundada em dívidas, com contas atrasadas, e tinha um histórico de várias tentativas de emprego que haviam fracassado. O declínio foi espetacular.

Tenho inúmeras histórias de coisas absurdas que fiz ao longo da minha vida. Em nome da superação da vergonha, vou compartilhar uma das minhas experiências mais humilhantes, que ocorreu quando eu tinha pouco mais de 20 anos, durante uma viagem de volta para casa. Muitas vezes, a gravidade dos sintomas do TDAH só é plenamente reconhecida depois que a pessoa sai da casa dos pais.

— Há um monte de correspondências para você...

Meu pai me entregou uma pilha de cerca de cem cartas. Envelopes brancos e marrons, muitos com o temido carimbo vermelho de "Urgente!". Embora eu tecnicamente tivesse saído de casa aos 18 anos e, nessa época, aos 26, morasse em algum lugar no oeste de Londres, nunca havia atualizado nenhum dos meus endereços. Consequentemente, as correspondências importantes nunca chegavam até mim; eram enviadas diretamente para a casa do meu pai. Ele guardava as cartas e as entregava quando eu o visitava... em geral, sem o avisar antes.

A razão pela qual nunca atualizei meu endereço, até hoje, me enche de uma profunda tristeza. A verdade é que nunca permaneci em um lugar por muito tempo. Nunca me senti, de fato, em casa em nenhum lugar. Não importa onde eu estivesse, sempre sentia que estava nesse determinado lugar apenas de passagem. Muitas vezes, nem me dava ao trabalho de desfazer a mala. Afinal, por que me preocuparia em atualizar meu cadastro nos bancos e nos consultórios médicos se, em poucos meses, eu já me mudaria de novo? Sem mencionar que essas tarefas burocráticas são quase impossíveis para um cérebro com TDAH! As mudanças constantes refletiam minhas frequentes trocas de emprego e relacionamentos ainda mais instáveis. Eu estava sempre fugindo, não tinha disposição para me estabelecer em lugar algum.

Então, voltemos à pilha de envelopes marcados com o carimbo "Urgente!". Sentada no chão do meu antigo quarto, que agora tinha sido transformado no *closet* da minha madrasta, comecei a abrir minhas correspondências. Como não conseguiria ler todas as cartas, decidi jogar "roleta das letras vermelhas", escolhendo alguns envelopes de forma aleatória. Seria melhor do que nada.

→ Uma conta de telefone de três anos atrás que havia sido entregue a uma empresa de cobrança de dívidas. Fantástico.

→ Uma carta me lembrando do meu exame de Papanicolau anual, que eu nunca havia feito.

→ Outra informando que eu havia perdido minha carteira de motorista.

Opa! Não fazia sentido essa última carta. Eu li de novo.

Em virtude de várias infrações que resultaram em um total de pontos superior ao permitido, lamentamos informar que sua licença foi cancelada. Para reaver a licença, será necessário fazer o exame teórico e o prático.[8]

— Ah! Que merda! — Quase vomitei naquele tapete vermelho. Eu precisava do meu carro para chegar ao trabalho. Para viajar. Eu estaria perdida sem ele. Com os olhos vidrados de frustração e medo, comecei a examinar a carta de novo em busca de algum sinal de que isso pudesse ser reversível. Descobrir que eu estava dirigindo sem direito à habilitação e sem meu seguro válido, colocando outras pessoas em risco, me aterrorizou.

Eu sou uma completa idiota.

Por fim, tive que vender meu carro e voltar para Londres de trem. Agora, eu estava relegada a usar metrô e ônibus de novo. Enquanto escrevo isso, mais de dez anos depois, ainda não renovei minha carteira de motorista. Refazer a prova teórica, as aulas de direção e a prova prática envolve tanta administração e organização que eu mal consigo pensar no assunto. Isso pode fazer alguém se sentir extremamente inadequado na vida adulta, sobretudo se essa pessoa perceber que não consegue fazer o que a maioria dos jovens de 18 anos, que mal saíram da escola, consegue.

No entanto, a razão pela qual nunca atualizei meu endereço e tive dificuldades para marcar aulas de direção não era de ordem intelectual. Estava relacionada ao TDAH.

Há duas principais características do TDAH que podem fazer com que nos sintamos burros...

→ **Dificuldades de memória para o trabalho** — Essas dificuldades se manifestam como um esquecimento constante, mesmo de coisas que você acabou de ouvir ou de informações que acabou de ler.

→ **Desafios da função executiva** — Dificuldades para saber como começar, como organizar pensamentos e como executar planos.

Para mim, as definições científicas são muito duras e desmotivadoras, então, vamos tentar torná-las mais pessoais. Vejamos, agora, algumas coisas que faço com frequência, que antigamente eu teria considerado burrices, mas que, na verdade, estão relacionadas ao TDAH...

→ Esquecer-me de vários compromissos e de convocações para algum trabalho.

→ Esquecer minha bolsa no trem.

→ Deixar minhas compras na loja.

→ Deixar meu celular em qualquer lugar público.

→ Achar que perdi meu celular enquanto ele está na minha mão.

→ Entrar em uma sala e me esquecer do motivo de estar ali.

→ Deixar o forno ligado.

→ Me perder, sobretudo quando estou indo a um lugar importante.

→ Perder minha parada do trem.

→ Pegar o trem na direção errada.

→ Perder meus fones de ouvido várias vezes.

→ Perder minha carteira em diversas ocasiões.

Essa é a realidade do TDAH na vida cotidiana. Esses são os resultados dos desafios relacionados à memória de trabalho e às funções executivas. Às vezes, pode parecer um verdadeiro caos... perder e esquecer coisas, ir na direção errada e chegar a lugares inesperados. Com o tempo, começamos a sentir o peso da vergonha e do cansaço que tudo isso traz. A vergonha de ter de avisar a alguém que você está atrasado de novo ou a frustração de ter de comprar o décimo par de fones de ouvido. É por isso que precisamos discutir isso.

Agora, eu reconheço isso e, em vez da voz do *torcedor crítico*, há uma nova presença em minha mente...

— *Dá pra calar a boca? Isso não é burrice, e você não está ajudando.*

Isso é o que eu defino como meu defensor interno usando seu escudo de TDAH contra meu crítico interno.

A narrativa do "eu sou burra" era, na verdade, o resultado de uma condição de desenvolvimento neurológico e da tentativa de ser o que eu não era.

Olhando para meu eu anterior ao diagnóstico, sinto uma profunda compaixão. Se eu pudesse voltar no tempo e criar um *body double* para mim mesma enquanto realizava uma tarefa administrativa importante, eu faria isso!

Acreditar nessa mentira nos rouba fatores incrivelmente valiosos: a autoestima e a confiança em nossa inteligência. No entanto, há muitos tipos diferentes de inteligência! Aposto que você tem habilidades que outras pessoas ao seu redor não têm. Então, fica a pergunta... Você chamaria essas pessoas de burras se elas tivessem dificuldades para fazer algo que você considera fácil? É hora de darmos a nós mesmos a mesma liberdade que concedemos aos neurotípicos, reconhecendo que diferentes seres humanos têm habilidades muito distintas. Pessoas com TDAH podem enfrentar dificuldades em áreas que a sociedade considera "básicas", mas nós nos destacamos em outros aspectos do intelecto. Não devemos nos definir com base em nossas dificuldades, mas, sim, por nossas habilidades únicas.

DESTRUINDO O MITO DO "EU SOU BURRO"

Para nós que temos TDAH, viver em um mundo neurotípico nos leva a acreditar que somos burros. Enfrentamos dificuldades para realizar tarefas que muitos outras pessoas fazem sem pensar, e não encontramos outra explicação a não ser nos culpar. Essa situação gera um ambiente tóxico dentro de nossas mentes, enquanto repetimos as mensagens que o mundo tem imposto a nós desde que somos crianças: "Há algo errado comigo. Eu sou burro!".

A verdade é que chamar a si mesmo de burro por ter uma condição de desenvolvimento neurológico diferente é tão absurdo quanto considerar uma pessoa com uma perna quebrada preguiçosa por não conseguir andar direito. Não há como evitar isso. Não agimos assim de propósito. E nenhum tipo de pressão — seja de nós mesmos ou de outras pessoas — irá mudar essa realidade. Portanto, em vez de nos concentrarmos em nossas limitações, precisamos aprender a adaptar e a ajustar nossa condição, para que possamos nos dedicar plenamente às áreas de nossas vidas em que temos dons e talentos excepcionais.

Apresento agora uma lista para ajudá-lo(a) a destruir esse mito.

1. **NUNCA DIGA "EU SOU BURRO!"** — Essa é mais uma frase para adicionarmos à nossa lista de frases "proibidas". Não devemos dizê-la a nós mesmos nem permitir que os outros digam algo semelhante sobre nós. É fundamental construirmos um escudo para nos proteger de um mundo que está configurado para fazer a gente se sentir inferior. Sempre

que nos esquecermos de algo ou perdermos algum objeto, ou se cometermos um erro impulsivo, será importante rotular essas ações exatamente pelo que são, sem atribuir valores morais a elas. Já é bem difícil lidar com os sintomas do TDAH sem os constantes comentários negativos.

2. **ORGANIZAÇÃO NÃO SIGNIFICA INTELIGÊNCIA** — Precisamos deixar de lado a crença de que ser bom em administração, por exemplo, torna alguém automaticamente mais inteligente. A competência em administração é, na verdade, uma habilidade específica, sem valor moral associado. Assim como há pessoas que se destacam na criação de planilhas, nós também temos nossos pontos fortes. A diversidade é uma das belezas da humanidade. Devemos explorar e valorizar todas as outras habilidades que nos tornam únicos.

3. **DEVEMOS ALIMENTAR NOSSA AUTOESTIMA** — Uma vida inteira de fracassos em tarefas simples pode minar a autoestima de uma pessoa. Reconstruí-la exige tempo e esforço. A autoestima é formada por ações que geram orgulho, e é pouco provável que aquilo que nos derrubou seja o que nos ajudará a nos reerguer. Portanto, é fundamental descobrir quais são as nossas áreas de interesse para que possamos elevar a nossa autoestima, assim como é importante desenvolver relacionamentos saudáveis, a criatividade, ter boas amizades, fazer aulas de arte, praticar atividades físicas e gerar conteúdo. Quando encontramos atividades das quais realmente gostamos, quando nos comprometemos com essas atividades e observamos nosso progresso, começamos a mudar a narrativa e passamos a perceber que existem áreas nas quais um cérebro singular pode oferecer vantagens reais.

4. **É PRECISO CRIAR UM ESCUDO TDAH** — É essencial cultivar um defensor interno, uma voz que se eleve e diga: "Ei, isso é apenas uma consequência do TDAH. Isso não é falta de inteligência!". Depois de anos convivendo com um crítico interior, pode ser necessário reservar um tempo e desenvolver uma prática para gerar essa voz protetora. Por isso, ter paciência é fundamental. Na próxima vez que algo for perdido, mal

compreendido ou esquecido, tente falar consigo mesmo com gentileza e compaixão. Devemos aprender a ser amáveis com nós mesmos para que possamos nos proteger no mundo exterior. Já existem muitas pessoas dispostas a nos rotular de "burras". Não se torne mais uma delas.

DISSIPANDO O MITO

Em vez de dizer

~~Eu sou burro(a).~~

Tente dizer isto:

Eu luto contra determinadas coisas por causa da minha condição.

Eu tenho muitas habilidades que os outros não têm.

"VOCÊ NÃO É BURRO"

Escrito por Rich

A primeira vez que observei as habilidades de Rox na área de limpeza e organização foi quando nos mudamos para um apartamento que compartilhamos por apenas três meses. Como, antes, ela havia se mudado para minha casa, eu mantive minha rotina normal, então, eu não sabia quais eram os segredos de limpeza ocultos por trás de sua aparência.

Decidimos fazer uma faxina completa no apartamento, em vez de contratar uma empresa especializada. Hoje, ao me lembrar daquele dia e considerando o quanto ela detesta faxinas e quanto sofre por causa disso, imagino que ela deve ter se sentido amedrontada! Acredito que este é o poder de um novo amor: ele nos leva a fazer coisas inusitadas, inclusive faxinas!

Enquanto eu continuava com minhas tarefas de organização no apartamento, Rox afirmou que cuidaria da limpeza da cozinha. Depois de mais ou menos meia hora, decidi verificar seu progresso. O chão, as superfícies e até mesmo ela estavam completamente encharcados. Ela segurava uma esponja que pingava, esfregando freneticamente tudo o que encontrava pela frente. Um suor escorria de sua testa, como se houvesse um vazamento.

— Nossa... Querida... — eu disse. — Tem muita água aí! Acho que você deveria torcer a esponja.

— Meu Deus, por que não pensei nisso? — ela disse, sentindo-se derrotada. — Desculpe. Eu sou muito burra.

Essa frase ganharia vida própria no ano seguinte. Sempre que Rox enfrentava dificuldades ou cometia um erro, ela se voltava contra si mesma, chamando-se de estúpida, burra ou incompetente. Mesmo antes de seu diagnóstico de TDAH, eu nunca teria usado esses termos para descrevê-la. Ela podia ser um pouco caótica, esquecer algumas coisas e ser propensa a cometer acidentes, mas definitivamente não era burra.

"VOCÊ NÃO É BURRO" **RICH** **83**

Rox sempre me pareceu muito inteligente. Ela costumava zanzar pela casa, decorar os corredores, escrever músicas, pintar jaquetas e reorganizar os móveis. Sua energia criativa era incrível e constante. Bem, nem sempre. Às vezes, ela ficava de pijama, toda encolhida debaixo dos cobertores, olhando coisas na internet. Mas uma coisa é clara: essa pessoa não era burra. Ela era realmente muito brilhante, embora fosse um pouco propensa a ter dificuldades com organização.

Lembro-me claramente de um telefonema angustiante que recebi, certa vez, às oito da noite. Eu precisava buscar Rox na estação de trem de Seven Oaks. Assim que atendi, reconheci o familiar medo em sua voz.

— Estou indo para Tunbridge Wells.* Eu perdi minha estação. Não sei o que fazer.

Depois de algumas palavras tranquilizadoras e uma rápida pesquisa no Google, tudo foi resolvido. Dirigi até Tunbridge Wells para encontrá-la. Estava tudo bem. Entretanto, Rox continuou remoendo sua própria "burrice" durante todo o trajeto e chegou à estação extremamente envergonhada, chateada e se desculpando de um modo exagerado.

— Meu Deus, me desculpe por você ter de vir até aqui! Eu sou muito burra. Sinto muito.

Às vezes, eu me pergunto se a forma como Rox falava sobre si mesma funcionava como um mecanismo de defesa, como se estivesse atacando a própria imagem antes que alguém o fizesse. Parece que ela acreditava que, se pedisse desculpas repetidamente e se chamasse de nomes horríveis, eu não ficaria irritado. No entanto, eu nunca fiquei bravo com ela. Era evidente que suas ações não eram intencionais. Quem preferiria esperar em uma estação de trem fria do condado de Kent quando poderia estar assistindo à última temporada de *Casamento às cegas*?

Equívocos como esses eram muito frequentes antes do diagnóstico e se manifestavam em diversas áreas: aniversários esquecidos, pratos quebrados,

---

* Tunbridge Wells e Seven Oaks são distritos do condado de Kent. A distância entre as estações de trem dessas duas localidades é de 20 quilômetros. (N.T.)

fones de ouvido desaparecidos, carteiras extraviadas e trens perdidos. Era difícil passar um dia sem que ela cometesse algo que considerasse inaceitável. O diagnóstico de TDAH marcou um ponto de virada para nós. Por fim, conseguimos adquirir um vocabulário que nos possibilitou discutir o que estava acontecendo, em vez de ela apenas se culpar. No entanto, essa conversa exigiu tempo e prática. Rox teve que aprender a se libertar da autopunição da qual sempre se utilizou, enquanto eu precisei aprender a rotular esse comportamento como "conversa-fiada" e incentivar sua autocompaixão. Com o tempo, houve uma mudança sutil, mas significativa, na forma como ela se comunicava comigo. Acredito que muitos de vocês vão reconhecer essa transformação: a transição do "desculpa" para o "obrigada".

Pessoas com TDAH frequentemente se desculpam por seus sintomas e comportamentos, assim como pelas consequências de suas dificuldades. Depois de uma vida inteira vivendo em um mundo que lhes diz que são fracassadas e incapazes, um fardo para os outros, o pedido de desculpas se torna uma armadura contra esse tipo de julgamento. Elas assumem a culpa por tudo, antes que alguém tenha a oportunidade de rejeitá-las e criticar suas ações. Em um ambiente de apoio, livre de julgamentos e repleto de aceitação, a pessoa com TDAH começa a deixar de se culpar por sua condição. Em vez disso, ela passa a expressar gratidão quando recebe apoio e orientação.

Atualmente, quando Rox deixa cair ou perde algo, é muito mais comum que ela me agradeça por minha reação, minha ajuda ou meu apoio. Essa pequena mudança na forma de se expressar indica que ela não se desculpa mais por coisas que não pode mudar e que está reconhecendo o quanto valoriza um ambiente livre de julgamentos.

Rox sempre afirmou que gostaria de ser mais como eu: mais organizada e melhor em administração, planejamento, finanças e todas essas tarefas que considera chatas. No entanto, eu olho para ela e desejo o mesmo! Sinto inveja de sua habilidade de se perder completamente em um novo hobby, de criar algo ou de pesquisar e aprender coisas novas. Sem mencionar que ela é a liga emocional que mantém nossa família unida. Quando uma das crianças está passando por algum problema, ela é a primeira a perceber. Rox nunca evita conversas difíceis e sempre nos incentiva a sermos abertos a respeito do que estamos enfrentando. Ela nos ajuda a navegar por nossos conflitos e é tão transparente com suas emoções que isso acaba influenciando todos nós de maneira positiva. Embora eu me considerasse um bom pai antes de Rox entrar na minha vida, definitivamente eu não era disponível no âmbito emocional como sou agora. Pessoas neurodivergentes são muito sensíveis, e isso as torna muito habilidosas em empatia, comunicação e inteligência emocional.

Nos últimos anos, com a ajuda da terapia, um diagnóstico de TDAH e um parceiro incrível (Ah!), Rox floresceu de maneira extraordinária. Ela se destacou no trabalho e finalmente encontrou sucesso em uma carreira que desejava seguir havia muito tempo. O TDAH se tornou uma parte integrante do nosso cotidiano, e nossa casa é um espaço de aceitação, além de ser ocasionalmente marcada por buscas noturnas em estações de trem aleatórias.

No entanto, o TDAH também possibilita que ela esteja profundamente conectada ao propósito de sua vida, permitindo-lhe imaginar um futuro e criar esse mundo. Isso a capacita a produzir arte e mensagens que podem realmente impactar a vida das pessoas.

Frequentemente, a sociedade tende a focar as lacunas das pessoas com TDAH, insistindo em afirmar que elas devem se moldar ao comportamento neurotípico de qualquer maneira. Aprendi que nada é capaz de "consertar" o TDAH. Na realidade, tentar fazer isso geralmente agrava a situação. Uma melhora temporária nos sintomas pode resultar em excesso de trabalho, levando ao esgotamento e à sensação de inadequação. As dificuldades relacionadas à organização, ao cumprimento de horários e à orientação podem levar a pessoa com TDAH a questionar não apenas sua inteligência, mas também a percepção dos outros ao seu redor. Podemos ficar tão obcecados com o que eles não estão fazendo certo que acabamos ignorando os outros tipos de inteligência que eles têm aos montes!

A inteligência não se limita à capacidade de organização. Há diversas formas de inteligência envolvendo habilidades emocionais e criatividade. É fundamental começarmos a valorizar a notável inteligência das pessoas neurodivergentes, enquanto também oferecemos apoio durante as dificuldades que enfrentam em funções consideradas "básicas".

COMO AJUDAR UMA PESSOA COM TDAH QUE ACREDITA SER BURRA

Depois de uma vida inteira enfrentando desafios para efetuar tarefas que os outros consideram simples, as pessoas com TDAH começam a desenvolver uma sensação profundamente enraizada de que são burras. É possível que sintam dificuldade para compreender por que não conseguem gerenciar seu tempo, seus e-mails ou as responsabilidades da mesma forma que os neurotípicos, por isso, elas veem essas dificuldades como uma falha pessoal.

O segredo para ajudá-las a se libertar dessa crença é ressaltar que "ser organizado" (embora seja muito útil) não é um pré-requisito moral para viver uma vida feliz, plena, e para seguir suas paixões e seus sonhos. Para ajudar uma pessoa com TDAH a liberar seus talentos, possibilitando que ela se realize plenamente e construa uma autoestima genuína, é essencial ensiná-la a interromper o diálogo interno negativo e a autocrítica tóxica. Convém oferecer apoio para que essa pessoa deixe de acreditar que é incapaz ou "burra" ao enfrentar desafios decorrentes de sua condição.

Vejamos algumas dicas para que você possa ajudá-la...

1. **LEMBRE-A DE QUE ELA TEM TDAH** — Quando a pessoa com TDAH estiver enfrentando alguma dificuldade, lembre-a de que ela tem TDAH! Problemas de memória no trabalho podem interferir de modo significativo em suas tentativas de realizar tarefas e, mesmo depois de um diagnóstico, ela pode se esquecer desse fato. É essencial destacar que há motivos para alguns comportamentos, e que isso não a torna absolutamente estúpida; na verdade, significa apenas que ela tem TDAH.

2. **CONCENTRE-SE NO GÊNIO** — Pessoas com TDAH frequentemente têm diversos interesses e habilidades excepcionais. Por exemplo, elas podem manter a calma em situações de crise, aprender novas habilidades com rapidez ou ter ideias criativas brilhantes. Depois de muito tempo vivendo em um mundo que destaca suas falhas, é importante que alguém aponte seu valor e suas capacidades. Com o apoio e a compreensão adequados, as pessoas com TDAH podem trazer uma contribuição valiosa e uma diversidade enriquecedora ao nosso mundo.

3. **ACABE COM O BULLYING** — Se você visse alguma pessoa gritando com um ente querido, chamando-o de burro, provavelmente, interviria com firmeza. Assistir a uma pessoa amada sofrer bullying é uma experiência angustiante, e isso se aplica também quando ela mesma está praticando esse bullying. Sempre que uma pessoa se autodenominar burra, é importante apontar esse comportamento. Lembre-a de que não é correto tratar a si mesma dessa forma e incentive-a a encontrar uma forma mais compassiva de se ver.

4. **ELOGIE-A** — A pessoa com TDAH, provavelmente, enfrentou críticas por cometer erros durante toda a sua vida, enquanto seus incríveis talentos foram subvalorizados e ignorados. Um elogio sincero pode ser muito eficaz para neutralizar essa negatividade. Se você a observar fazendo uma tarefa que considera fácil, reconheça as habilidades e os talentos que ela trouxe para a atividade. Além disso, valorizar o esforço relativo a tarefas que apresentam dificuldades também é essencial. Quando Rox consegue limpar o quarto, fica pronta na hora certa ou resolve uma tarefa desafiadora, faço questão de elogiá-la e celebrar esses momentos com ela. Muitas vezes, pessoas com TDAH desejam ser reconhecidas e elogiadas por suas conquistas — grandes ou pequenas.

DISSIPANDO O MITO

Se a pessoa disser

~~Eu sou burra(o).~~

Tente dizer isto:

Você tem muitas habilidades diferentes.

Não é justo sentir-se mal por causa de aspectos que estão além do seu controle.

MITO RELACIONADO AO TDAH #5: NÃO EXISTE TDAH. SOU APENAS UMA PESSOA RUIM

Escrito por Rox

Lembro-me da primeira vez que ouvi a abreviatura de quatro letras que se tornaria a explicação de *toda* a minha vida e, de fato, passaria a ser um dos meus trabalhos.

— O TDAH é exatamente como os pais de classe média rotulam seus filhos, em vez de admitir que são preguiçosos — disse um dos meus parentes, certa vez, enquanto jantávamos em família.

Eu tinha 13 anos na época.

Não culpo esse parente por suas opiniões. Essas pessoas cresceram na década de 1950, antes mesmo de o TDAH ser um diagnóstico reconhecido! Naquela época, não tínhamos o conhecimento e a conscientização que temos hoje. O TDAH era associado principalmente a meninos hiperativos e, mesmo assim, era um diagnóstico raro. Não é que deixaram de me diagnosticar de propósito; eu simplesmente não correspondia à visão que a maioria das pessoas tinha sobre o transtorno. Aos olhos da minha família, eu era apenas um pouco preguiçosa, egoísta, rebelde e impulsiva. Não havia outra forma de interpretar meu comportamento.

Sinto muito pelos parentes, pais e cuidadores de crianças diagnosticadas tardiamente que talvez estejam lidando com a difícil realidade de terem tratado seus filhos com preconceito e frustração. Descobrir que a neurodivergência está por trás do comportamento de uma criança pode trazer um grande peso de culpa. No entanto, não é o passado que nos define, mas, sim, o futuro. Eu acho que os cuidadores e pais que decidem aprender, oferecer apoio aos seus filhos e melhorar continuamente com base no novo conhecimento que adquiriram são verdadeiros heróis.

A segunda vez que ouvi o termo TDAH foi no consultório do meu terapeuta, aos 36 anos. Já havíamos passado muitos meses lidando com o meu luto não resolvido pela morte da minha mãe e com os sintomas de TEPT-C (transtorno de estresse pós-traumático complexo) que eu enfrentava: flashbacks emocionais intensos, hipervigilância constante e uma total ausência de identidade pessoal. Eu estava redescobrindo a mim mesma pela primeira vez. Aprendendo a chorar, a encontrar minha própria voz, a me conectar com a raiva que havia reprimido por tanto tempo. Foi incrivelmente doloroso, terrivelmente solitário, mas também libertador. As coisas começaram a melhorar aos poucos. Passei a praticar exercícios respiratórios com regularidade para que meu corpo deixasse de reagir apenas com respostas de luta ou fuga e comecei a confrontar os padrões de comportamento que controlavam minha vida.

Foi só depois que a névoa de alguns dos meus problemas mais graves de saúde mental começou a se dissipar que os sintomas de TDAH se tornaram mais evidentes. Eles estavam enterrados por baixo de anos de escombros emocionais. Eu não os teria percebido quando tinha 20 e poucos anos, por exemplo, porque minha vida estava um caos. Eu era alcoólatra, viciada em relacionamentos e mudava de emprego e parceiros como quem troca de roupa. Da mesma forma que não percebemos uma lâmpada quebrada em uma casa em chamas, precisei apagar o fogo antes de começar a enxergar que havia algo mais em jogo.

Até então, eu sempre culpava meu comportamento, porque acreditava que eu era apenas uma pessoa ruim. Perdia coisas porque estava bêbada, tinha colapsos emocionais porque era desequilibrada e era desorganizada porque me considerava burra. Depois de fazer um grande progresso na terapia, comecei a perceber algumas coisas estranhas e decidi compartilhá-las com meu terapeuta.

— Doutor, preciso confessar algo. Tenho me sentido muito melhor ultimamente. Já não me sinto mais como se estivesse sempre à beira do abismo, e estou começando a me sentir segura em casa pela primeira vez. Estou muito feliz com meu progresso... Mas notei algo estranho... tenho perdido o horário dos trens com frequência e também muitas outras coisas.

As palavras do médico me surpreenderam.

— Parece que você está tendo dificuldades relacionadas ao déficit de atenção.

Minha mente me remeteu de imediato àquele dia, à mesa de jantar.

"O TDAH é uma justificativa para os pais de crianças de classe média que não conseguem aceitar que seus filhos são preguiçosos."

Não fiquei surpresa ao perceber que algo dentro de mim rejeitava a ideia de que poderia haver alguma coisa genuinamente diferente em mim. A narrativa de que eu era a única pessoa responsável por todos os meus problemas já estava enraizada em mim havia muito tempo.

Felizmente, eu sempre me interessei por psicologia. Era obcecada por estudos relacionados à mente humana já fazia vários anos, então, a simples menção ao TDAH fez meu cérebro disparar! DING, DING, DING! Hora de um novo hiperfoco! Nas semanas seguintes, mergulhei em um vasto universo de conteúdos, livros e podcasts sobre TDAH. Cada um deles reafirmava que, na verdade, todos aqueles comportamentos únicos e, muitas vezes, vergonhosos que eu havia adotado inconscientemente durante toda a minha vida eram, na verdade, experiências comuns para pessoas com TDAH. Eram consequências de uma condição. Eu não estava sozinha. Havia muitos outros como eu por aí!

Tive o incrível privilégio de poder buscar um diagnóstico por meio de um plano de saúde, oferecido a Rich pela empresa em que ele trabalhava na época. Algumas sessões de uma hora pelo Zoom e pronto. A partir dali, comecei a me entender pela primeira vez. Sou imensamente grata por ter tido acesso a esse diagnóstico e sei que muitas pessoas que estão lendo este livro enfrentarão listas de espera de meses ou até anos para obter o mesmo diagnóstico transformador e confirmador que recebi. Se você é uma dessas pessoas, deve saber que o autodiagnóstico é um passo inicial para o diagnóstico oficial. Foi minha pesquisa e minha obsessão por esses sintomas e dificuldades que me permitiram, por fim, obter um diagnóstico formal. Se, depois de fazer sua pesquisa, você concluir que tem TDAH, saiba que não há problema algum em seguir pessoas e ler livros que ofereçam sugestões úteis e que façam você se sentir compreendido(a).

É claro que há muitas comorbidades, ou seja, condições que têm mais probabilidade de coexistir junto ao TDAH. No meu caso, foi o TEPT-C. Tenho amigos que são AuTDAH (pessoa que tem autismo e TDAH) e que também lidam com TOC (transtorno obsessivo-compulsivo) e outras condições. Todos deveriam ter o direito de discutir essas questões e quaisquer outras com um profissional, mas, infelizmente, vivemos em um mundo onde o acesso à saúde mental nem sempre é garantido. Saiba que você tem acesso aos recursos disponíveis na minha comunidade. Você é muito bem-vindo aqui, independentemente do seu diagnóstico.

Curiosamente, após meu diagnóstico, experimentei uma consequência bastante perturbadora, uma sensação interna profunda de que a equipe médica havia cometido um erro. Eles achavam que eu tinha TDAH, mas, de alguma forma, consegui convencê-los de que eu não tinha. Ou de que o resultado de meu teste estava errado. Eu dizia a mim mesma que eles deveriam estar enganados, porque eu sabia, sem dúvida, que, na verdade, eu era apenas uma pessoa ruim. "Ninguém pode me dizer que tenho uma condição que explica a maioria das minhas lutas", argumentei internamente. "Essa é uma saída muito fácil. Eu preciso ter problemas. Eu preciso fracassar. Eu preciso me punir. É assim que sempre foi."

Uma das razões pelas quais acredito que começamos nossas contas de mídia social (além de uma decisão impulsiva tomada tarde da noite e motivada pelo TDAH) foi minha tentativa desesperada de preservar esse diagnóstico médico e torná-lo real. Vale mencionar que, mesmo depois de dois anos criando conteúdo diariamente, fazendo pesquisas constantes, recebendo feedback de uma comunidade e escrevendo nosso segundo livro, ainda existe uma voz interior que questiona a validade do meu diagnóstico. Essa voz me diz: "Não. Isso não é para você!".

Noventa e nove por cento dos comentários que recebemos online são maravilhosos — pessoas compartilhando suas histórias sobre problemas decorrentes do TDAH, percebendo, pela primeira vez, que podem ter a condição e, em geral, experimentando o choque de descobrir que existem outras pessoas iguais a elas.

No entanto, há aquele 1% restante, os comentários negativos, que são bem criativos e abordam diversos tópicos. Vejamos o que dizem alguns de nossos críticos frequentes...

→ "Raspe as axilas. Você é nojenta."
→ "Ela parece um homem sem maquiagem. Coitado desse cara."
→ "Como diabos ele mora com isso?"
→ "Ela precisa crescer. Que patético!"
→ ... e o sempre popular "TDAH não existe!".

Na maioria das vezes, consigo rir desses comentários. Tudo bem, talveeeez — mas apenas talvez — minha reação imediata seja de raiva misturada com o desejo de encontrar o endereço da pessoa, mas isso passa em poucos segundos. Então, eu me lembro que aqueles que deixam comentários odiosos provavelmente não estão vivendo vidas muito felizes, e simplesmente os bloqueio e deleto. No entanto, o último comentário sempre me atinge: "TDAH não existe!". Esse realmente me incomoda. Deixa uma sensação desagradável muito tempo depois de eu bloquear a pessoa e deletar o comentário.

É interessante observar que, muitas vezes, as críticas que mais nos machucam são aquelas que, em algum nível subconsciente, acreditamos ser verdadeiras. O diagnóstico de TDAH foi libertador para mim, uma razão para que eu passasse a me enxergar não como uma pessoa terrível e cheia de falhas, mas como alguém que apenas precisava de um pouco de apoio em determinadas áreas. Isso salvou meu relacionamento com Rich, proporcionando um vocabulário e um contexto para discutirmos e compreendermos como a condição se manifestava e nos afetava. Graças ao TDAH, construí uma carreira, uma comunidade e uma forma de agregar valor a este pequeno universo. No entanto, lá no fundo, eu ainda vivia assombrada pela ideia de que a condição não era real.

A defesa e a conscientização relacionadas ao TDAH preenchem um espaço importante quando se tem uma voz interna cruel afirmando que isso nem mesmo é real. Em nossa comunidade, há visões muito diversas sobre a origem, o desenvolvimento e as formas de lidar com o TDAH. Essa ausência de uma única resposta ou verdade clara torna tudo extremamente confuso. Nem mesmo a comunidade científica é unânime no que se refere aos conceitos relacionados ao TDAH. Alguns médicos ainda não acreditam que seja uma condição real (felizmente, essa visão é agora minoritária!), e a consideram apenas um conjunto de outros sintomas. Outros afirmam que é algo puramente genético, enquanto alguns acreditam que pode ser agravado por eventos traumáticos. Se nem mesmo os médicos conseguem chegar a um consenso, que esperança nós temos?

No entanto, eu não preciso saber se o TDAH é genético, se pode piorar por causa de um trauma ou se é puramente neurológico. Eu nem acho necessário que seja chamado de TDAH. Para ser sincera, o termo TDAH é bem inadequado. Eu não tenho déficit de atenção. Como afirmei em *Dirty Laundry* [*Roupa suja*], de fato, eu tenho o oposto disso: uma atenção intensa e incontrolável. Meu maior desafio não é me concentrar, deixar de perder coisas ou lutar contra o tempo. Meu verdadeiro problema é a baixa autoestima crônica em relação às minhas habilidades, algo com o que venho lutando toda a minha vida, junto a todas as principais crenças negativas que carrego.

O que ninguém pode negar é que os sintomas são reais e que as consequências de viver sem um diagnóstico podem ser devastadoras. Essa é a parte mais importante. Milhões de pessoas sofrem profundamente com os mesmos problemas, e eu consigo ver as evidências disso. É possível perceber as mudanças transformadoras que vão da autodepreciação à aceitação quando as pessoas, enfim, recebem as ferramentas de que precisam. Eu mesma vivenciei isso em minha vida: meu primeiro relacionamento saudável, conquistas significativas no trabalho e, mais importante, o fim do constante bullying interno ao qual eu me submetia.

Quem nega a evidência do TDAH ou afirma que é apenas uma condição da moda e que está superdiagnosticado, com certeza, atrai muita atenção para si, em virtude de suas opiniões nas redes sociais. Essas plataformas são projetadas para recompensar a controvérsia. Quanto mais polêmica for a opinião, maior será a probabilidade de alcançar um milhão de visualizações. O fato de o TDAH ter se tornado um tema tão polêmico o levou a ser utilizado para vender jornais, gerar visualizações em documentários e obter cliques sem muito esforço. No entanto, há pessoas que compartilham opiniões maldosas, e infelizmente há engajamento.

Nossas lutas, nossas histórias, nossa voz, nossas experiências... esses fatores não podem ser invalidados por ninguém. Nem pelo usuário 98886655544 gritando no vazio do TikTok que "o TDAH é apenas uma desculpa para ser preguiçoso". Nem por canais de tevê que decidem exibir um documentário alarmista afirmando que "o TDAH está sendo superdiagnosticado".

Nós, as pessoas com TDAH, estamos aqui. Temos roupas molhadas esquecidas na secadora. Temos mil mensagens não lidas. E estamos tentando parar de nos odiar. Nada do que alguém diz nos impede de existir ou de experimentar nossos sintomas, que são muito reais.

Penso na visão sobre o TDAH daquele meu parente, que influenciou minha própria perspectiva, e frequentemente me pergunto se isso contribui para a reação negativa que estamos observando: pessoas que nunca tiveram acesso aos cuidados e ao apoio necessários se voltando contra aquelas que os recebem. Isso também é, provavelmente, o que faz com que os negacionistas do TDAH atuem como gatilhos para nós. Talvez, em um nível mais profundo, eles nos façam lembrar de algum parente mais hostil.

NEGROS COM TDAH

No meio de toda a discussão a respeito do diagnóstico do TDAH, algo muito importante é esquecido com muita frequência: pessoas negras continuam sendo bem mais subdiagnosticadas em comparação com as brancas.[9] Além disso, pessoas negras estão mais propensas a ser rotuladas como "disruptivas" e, em consequência das disparidades raciais, raramente recebem o diagnóstico e o tratamento adequado. Pense nas pessoas com TDAH que você segue nas redes sociais. Pense nas pessoas com TDAH que se destacam na grande mídia. Perceba que elas são quase todas brancas.[10]

Faço parte da comunidade de "mulheres diagnosticadas tardiamente". Muitas de nós, agora, estão, enfim, recebendo a compreensão e o apoio que nos faltou durante toda a nossa vida. Hoje, sabemos com clareza por que fomos excluídas, por que apenas os meninos brancos representavam a face reconhecida do TDAH, e identificamos as consequências negativas que tudo isso nos trouxe. A mesma coisa está acontecendo de novo com as pessoas negras. Elas estão sendo excluídas da conversa e da representatividade nas comunidades, e isso dificulta o acesso ao apoio que poderia transformar suas vidas.

Como comunidade, temos muito trabalho pela frente. Devemos alcançar aqueles que, historicamente, foram deixados de fora da conversa, sejam as mulheres, os negros ou outros grupos marginalizados. Nosso tempo é mais bem aproveitado quando construímos uma comunidade, compartilhamos nossas histórias e apoiamos os outros, em vez de ficar perdendo tempo em bater boca com um sujeito qualquer na internet.

DESTRUINDO O MITO DO "NÃO EXISTE TDAH, SOU APENAS UMA PESSOA RUIM"

É comum que pessoas com TDAH duvidem da veracidade do próprio diagnóstico, sobretudo as que são diagnosticadas tardiamente. Há uma vida inteira de evidências apontando que, de fato, você é apenas uma pessoa ruim. Aceitar um diagnóstico de TDAH pode parecer uma saída fácil, uma desculpa preguiçosa, uma forma de evitar a responsabilidade. Isso pode dificultar de modo significativo o acesso ao apoio necessário.

Imagino que muitas das pessoas que estão lendo este livro tenham milhares de e-mails não lidos, pelo menos uma mensagem que temem abrir e, claro, *pilhas de coisas espalhadas* pela casa! Com certeza, vocês estão lendo este livro em vez de fazer alguma coisa que deveriam estar fazendo! Compartilhamos uma experiência comum, vívida e real de TDAH. Sabemos que, muitas vezes, o diagnóstico representa um marco importante na busca pela felicidade, nos possibilitando experimentar isso pela primeira vez na vida, à medida que o véu da vergonha se dissipa e conseguimos ser mais gentis conosco. É normal duvidar de um diagnóstico de TDAH. Isso não significa que você não tenha TDAH ou que a condição não seja real. Significa que você passou a vida inteira se culpando e que talvez você considere estranho ter uma justificativa clínica para suas dificuldades.

Vejamos algumas formas de aceitar o TDAH...

1. **RECONSTRUÇÃO DA IDENTIDADE** — Quando uma pessoa descobre que tem TDAH, é comum sentir uma mistura de tristeza e alegria. A tristeza surge porque nos faz lembrar dos anos marcados por dificuldades e autodepreciação, enquanto a alegria deriva da possibilidade de, enfim, entender as próprias dificuldades e descobrir qual é o tipo de ajuda necessária. Sua identidade foi moldada pela suposição errônea de que você é uma pessoa imperfeita, de alguma forma. Este é o momento de reconstruir a partir do zero, criando uma nova identidade, fundamentada na compreensão, no apoio e na esperança, e não baseada no fracasso pessoal. Você é realmente incrível! Apenas ainda não se permitiu enxergar isso...

2. **O CUIDADO COM OS "DEBATES"** — Muitos de nós tendemos a manter um hiperfoco no TDAH. Quando algo é muito transformador, é natural desejar saber tudo sobre o assunto. Ao nos aprofundarmos no TDAH, por meio de pesquisas acadêmicas ou da mídia, tanto tradicional quanto online, encontramos várias opiniões divergentes. Para cada voz gentil que oferece esperança há outra que desmerece o TDAH, considerando-o mera modinha. Não devemos ficar obcecados por esses debates. O mais importante é sabermos que o TDAH está definido na 5ª edição do *Manual diagnóstico e estatístico de transtornos mentais* (DSM-5) e que temos essa condição. Os argumentos e as discussões apenas nos desviam do trabalho necessário que devemos ter para

confrontar as principais crenças que se desenvolveram e que nos impedem de avançar.

3. **DEVEMOS IR AONDE SOMOS VALORIZADOS** — Ao nos libertarmos de uma vida inteira marcada pela "síndrome da pessoa ruim", é fundamental cercar-nos de pessoas que reconheçam nosso valor, nossa bondade e nossas intenções. Não conseguimos praticar a autoaceitação quando estamos ao lado de pessoas que nos veem como um problema, como alguém que busca apenas atenção ou que representa um peso. Nesse contexto, corremos o risco de aceitar essas visões negativas ou de nos manter num constante estado de defesa contra esses ataques. Precisamos aprender a identificar quem são as pessoas que desejam ouvir e aprender, que se importam de forma genuína com nossa história e nossas experiências. Também devemos estar atentos para reconhecer as pessoas que tentam nos menosprezar, nos condenar ou ignorar. Este pode ser o momento de limitar o acesso de algumas pessoas à nossa vida.

4. **APRENDER A IDENTIFICAR UM MAU COMPORTAMENTO E PERCEBER QUE ISSO É DIFERENTE DE "SER ALGUÉM RUIM"** — Há uma grande diferença entre um mau comportamento e ser uma pessoa ruim. O mau comportamento possibilita uma oportunidade de redenção, aprendizado e crescimento, enquanto ser uma pessoa ruim é um fardo pesado de suportar. Cometi muitos erros na minha vida, alguns relacionados ao TDAH e outros não. Provoquei brigas, decepcionei algumas pessoas e, de uma forma vergonhosa, dirigi bêbada. Jamais diria que esses comportamentos deveriam estar isentos de críticas; de fato, são problemáticos e precisam ser abordados. No entanto, é essencial saber distinguir entre um comportamento e o que a pessoa realmente é. Muitas vezes, por trás de atitudes desafiadoras, há alguém lutando em meio a questões de saúde mental. Precisamos basear nosso apoio na compaixão e na compreensão, tanto em relação a nós quanto em relação aos outros.

DISSIPANDO O MITO

Em vez de dizer

~~O TDAH não existe. Sou apenas uma pessoa ruim.~~

Tente dizer isto:

Eu tenho TDAH, por isso, às vezes, preciso de mais ajuda do que outras pessoas.

Tenho muito valor, apesar dos problemas que preciso enfrentar.

"VOCÊ NÃO É UMA PESSOA RUIM"

Escrito por Rich

No dia em que Rox recebeu seu diagnóstico de TDAH, estávamos saindo para jantar. Ironicamente, ela estava atrasada, correndo de um lado para outro, procurando seu celular — que, ironicamente, estava em sua mão —, enquanto se arrumava às pressas e procurava sua carteira. Nervosa, ela, por fim, se acomodou no banco do passageiro, vinte minutos depois do horário previsto. Com frequência, esses momentos costumavam logo se transformar em ataques de pânico e intensa autocrítica, mas, dessa vez, algo diferente estava acontecendo. Parecia que ela estava rindo...

... E então as risadas se transformaram em gargalhadas. Eu nunca tinha visto a Rox achar algo tão engraçado. Enquanto altas risadas ressoavam pelo carro, fechei as janelas para que os vizinhos não pensassem que algo estava errado.

— Querida, o que é tão engraçado?

Entre explosões de riso, ela exclamou:

— Eu tenho um transtorno! — Ela jogou a cabeça para trás e riu ainda mais.

Eu quase pude sentir a alegria emanando dela, como se todas aquelas manhãs históricas repletas de dificuldades, enfim, tivessem uma explicação. O fato de perder o celular e a carteira um milhão de vezes era, na verdade, parte de um conjunto de critérios do diagnóstico. Tudo parecia tão bobo... e tão iluminado. Sua alegria e seu alívio eram contagiantes, então, eu comecei a rir também.

No entanto, de repente, algo mudou. A risada histérica adquiriu um tom doloroso. Logo em seguida, percebi que ela estava soluçando.

— Bubby, o que está acontecendo? — eu perguntei.

Com o nariz congestionado e entre soluços provocados pelas lágrimas, ela me disse que não fazia a menor ideia.

Mais tarde, durante o jantar, quando as emoções se acalmaram, pudemos discutir o que havia acontecido. Era a manifestação de um fenômeno conhecido como "a tristeza e a alegria do diagnóstico". Em casa, chamamos isso de *alegreza*. Por um lado, ela finalmente obteve uma resposta para as perguntas que ela (e outros) sempre faziam: *o que há de errado comigo?*

Enfim, ela descobriu por que tinha dificuldades em certas áreas e se destacava em outras. Os atrasos frequentes, as falhas, os esquecimentos e a perda de objetos, que marcaram toda a sua vida, agora podiam ser explicados por apenas quatro letras: TDAH.

Para muitas pessoas que recebem esse diagnóstico, esse momento pode ser de alegria e, às vezes, até hilário. No entanto, frequentemente também ocorre um luto por todos os anos dedicados à autodepreciação. Rox lamentava todas as vezes em que tinha sido julgada e reprimida por não estar se esforçando o suficiente. Há uma profunda tristeza ao perceber que você viveu toda a sua vida mal-compreendida e sem o apoio necessário, e que, talvez, os momentos mais sombrios poderiam ter sido evitados.

A *alegreza* — uma combinação de alegria e tristeza — que se sente ao receber o diagnóstico funciona como um rito de passagem para as pessoas com TDAH. Como parceiro ou pai/mãe, é fundamental que você considere ambos os lados da moeda emocional nessa situação. A pessoa encontrou a peça que passou a vida inteira procurando e que faltava no quebra-cabeça, e isso é transformador de verdade! A identidade dela começará a se modificar num nível muito profundo, passando de uma sensação de inadequação para uma percepção de que ela merece compreensão. Essa mudança impacta todas as áreas de sua vida: a maneira como lida com os relacionamentos, seu comportamento no trabalho, seu diálogo interno e sua autoimagem.

Bem no estilo TDAH, Rox logo se tornou ainda mais obcecada pelo assunto. Os podcasts entraram em um *loop* infinito, caixas de livros começaram a chegar a todo momento e quase todas as conversas passaram a girar em torno das descobertas que ela havia feito sobre si mesma. Era como se a verdadeira Rox estivesse trancada atrás de uma porta até aquele momento e alguém finalmente lhe desse a chave.

Em um mundo ideal, isso deveria ocorrer sempre que alguém recebesse um diagnóstico de TDAH: fim da vergonha, fim da autodepreciação. Amigos e parentes dizendo "Vamos aceitar isso e começar a buscar a ajuda de que você precisa!". No entanto, os seres humanos são criaturas complexas, e Rox não era uma exceção.

Ela carregava um profundo sentimento de "ser ruim", que, apesar de todo o seu trabalho de cura, nunca a abandonou de fato. Ela vivia constantemente atormentada pela incômoda sensação de que era horrível, desprezível, uma farsa, uma fraude. Conforme nossas postagens sobre TDAH começaram a se ampliar nas redes sociais, suas dúvidas também aumentaram. Um comentário estranho poderia desencadear uma espiral descendente nela...

Usuário 8765003212: "Não existe TDAH. Ela é apenas uma pirralha mimada que nunca cresceu!".

Eu vi Rox voltando a se questionar...

E se isso não for real?

E se eu não tiver TDAH?

E se eu estiver fingindo?

E se eu tiver problemas e o TDAH for apenas uma desculpa?

Mesmo com todas essas dúvidas circulando em sua mente, achei incrível ver Rox conversando com as pessoas que encontrávamos nas ruas. Ela as envolvia em diálogos sobre seu valor e se identificava com suas dificuldades. Rox era uma fervorosa defensora do TDAH, sempre lembrando os outros de como é libertador e maravilhoso receber um diagnóstico, e compartilhava tudo o que havia aprendido sobre como alcançar a autoaceitação. No entanto, no fundo, ela ainda lutava para se permitir acessar completamente essa compaixão e aceitar o TDAH como parte de sua identidade.

Acredito que esse seja um problema mais sério para as pessoas diagnosticadas na idade adulta. Na verdade, essa é a faixa etária com o crescimento mais rápido de diagnósticos de TDAH; pessoas que passaram a vida inteira criando estratégias para lidar com suas dificuldades e se manter organizadas. Essas pessoas inevitavelmente enfrentaram fracassos e desafios avassaladores em diversos aspectos da vida. Para elas, sobretudo na ausência de apoio, a narrativa enraizada é a de que são, em essência, deficientes e que precisam ser consertadas para não serem um fardo para os outros, então, elas passam a acreditar que não são tão boas quanto os demais seres humanos.

As consequências dessas crenças podem ser devastadoras. Rox tem uma história complicada de vício, automutilação, dívidas e relacionamentos inadequados. Não estou afirmando que nada disso teria acontecido se o TDAH dela tivesse sido diagnosticado e tratado mais cedo, mas acredito que ela teria enfrentado menos dias realmente difíceis. Por isso, é fundamental aprendermos sobre o TDAH e discutirmos de forma aberta o assunto para aumentar a conscientização. Essa atitude permite que pais e outras pessoas relacionadas reconheçam os sintomas em seus filhos e entes queridos e procurem dar o apoio que essas pessoas merecem, antes que a crença tóxica de que elas são ruins tenha a chance de se entranhar em suas almas.

Eu também passei por experiências em que me senti uma pessoa ruim. Tive problemas com vícios durante meus 20 e 30 e poucos anos. Isso incluía jogar em segredo, muitas vezes utilizando jogos de caça-níqueis enquanto dirigia ou no banheiro do trabalho, o que resultou na perda de grandes quantias de dinheiro, fato que eu escondia da minha ex-esposa. Lembro-me de uma vez em que troquei a fralda da minha filha no meio da noite e, logo depois, me escondi no quarto dela para jogar. Um comportamento vergonhoso. Na verdade, se não fossem as reuniões de recuperação e a terapia, eu continuaria vivendo dessa forma, acreditando ser uma pessoa profundamente ruim. Independentemente de nossas crenças e do que imaginamos ser, tudo isso se transforma em nossa realidade. Portanto, quando eu me odiava, agia de maneiras que reforçavam essas crenças. Eu bebia compulsivamente, tinha um temperamento explosivo e nunca pedia ajuda. Fui abusado sexualmente aos 8 anos, mas nunca compartilhei essa experiência com ninguém, nem busquei terapia nem ajuda. Com o tempo, percebi que grande parte da minha "ruindade" derivava de minhas tentativas de entorpecer a dor relacionada ao que havia acontecido. Foi só falando sobre isso que eu consegui me libertar.

Rox e eu tínhamos isto em comum: experiências da infância que se internalizaram. Nenhum de nós veio de famílias que eram capazes de falar sobre emoções ou valorizar experiências. Em vez disso, nossas famílias acreditavam que era melhor ignorar as coisas difíceis e conversar sobre a grama verde dos vizinhos. Para nós dois, nosso relacionamento se mostrou um espaço seguro, tornando possível que nos abríssemos completamente e compartilhássemos as feridas profundas que deram origem a algumas de nossas experiências mais desafiadoras.

A sensação de ser uma pessoa ruim pode roubar sua essencial dignidade humana. Pode impedi-lo de buscar ajuda, destruir qualquer expectativa de ser verdadeiramente amado e obscurecer seu verdadeiro potencial. É como uma erva daninha sufocando lentamente a vida das flores que tentam desabrochar.

Para aqueles de nós que amam alguém com TDAH, o diagnóstico é apenas o primeiro passo, assim como quando aceitei pela primeira vez que havia sido vítima de abuso sexual e que tinha um problema com jogo. Essa aceitação representa apenas o início de uma longa jornada de cura e compreensão.

Um diagnóstico de TDAH é um convite para que as pessoas que convivem com o transtorno deixem para trás o peso da vergonha e comecem a explorar a própria vida por uma perspectiva de compaixão, em vez de se prenderem à narrativa de fracasso pessoal e ruína. Embora possa parecer contraintuitivo, o TDAH de Rox se tornou mais evidente depois de seu diagnóstico. Com a segurança de ser ela mesma e se desmascarar, os comportamentos que ela lutou tanto para esconder começaram a emergir em sua vida. Essa experiência é fundamental na jornada de cura para muitas pessoas diagnosticadas tardiamente. O objetivo do diagnóstico não é eliminar o TDAH ou transformar a pessoa em uma supermáquina, mas, sim, ajudá-la a integrar os comportamentos associados ao transtorno em sua vida de forma livre de vergonha. Esse é o momento em que a pessoa floresce, quando, enfim, para de tentar consertar o que não está quebrado e se permite crescer.

Não estamos tentando eliminar os comportamentos associados ao TDAH; nosso objetivo é incentivá-los, compreendê-los e apoiá-los de forma construtiva.

Uma pessoa com TDAH que duvida ter, de fato, o transtorno está revelando algo sobre si mesma. Ela expressa a crença de que merece enfrentar suas dificuldades sozinha e de que merece se sentir uma pessoa ruim. Em um nível mais profundo, essa é uma pessoa que, provavelmente, tem lutado sozinha há muito tempo para se manter firme e que não conhece outra maneira de viver. Ela hesita em entrar no bote salva-vidas porque acredita que permanecer na água se debatendo é a única forma de sobreviver.

COMO AJUDAR ALGUÉM COM TDAH QUE ACREDITA SER UMA PESSOA RUIM

Uma pessoa diagnosticada com TDAH tardiamente é alguém que passou a vida tentando entender o que havia de errado com ela, procurando encontrar uma forma de corrigir essa situação. Ela enfrentou diversas tentativas frustradas de se tornar uma pessoa neurotípica. Muitas vezes, não recebeu apoio, mas, em vez disso, lidou com julgamentos e a sensação de fracasso pessoal. A única explicação lógica que encontrou para sua vida e seus problemas foi a crença de que, em essência, era uma pessoa ruim.

As feridas causadas pela crença de que somos pessoas ruins envolvem a baixa autoestima, a incapacidade de acreditar que merecemos amor, por nos sentirmos indesejáveis, a desistência de ir em busca de sonhos, o hábito de nos desculparmos constantemente e a aceitação de maus-tratos por parte dos outros, pois, em algum nível profundo, sentimos que devemos ser punidos. No entanto, vivemos em uma época em que a conscientização sobre o TDAH está se ampliando, então, nenhuma criança precisa mais passar pela vida acreditando que há algo errado com ela.

Vejamos algumas maneiras de ajudar alguém com TDAH a aceitar o diagnóstico...

1. **USE UMA COMUNICAÇÃO SEGURA** — As pessoas com TDAH costumam usar muitas máscaras durante bastante tempo, fingindo que

estão bem, que estão sobrevivendo, e forçando-se a se encaixar em padrões neurotípicos, culpando-se quando não conseguem. Criar um espaço seguro para discutir como se sentem em relação às dificuldades diárias e aos desafios mais amplos da vida permite que elas comecem a se desmascarar de verdade e a se mostrar como, de fato, são. É provável que esse processo venha acompanhado do medo de rejeição e julgamento, pois é isso que elas conhecem. Aproxime-se de suas histórias com curiosidade, em vez de julgamento.

2. **TORNE-SE UM APOIADOR DA CAUSA** — Educar-se sobre o TDAH pode ser extremamente útil não apenas para sua compreensão, mas também para os momentos em que as pessoas com TDAH precisarem ser lembradas de que este é um diagnóstico verdadeiro. Ao se inteirar sobre o TDAH e seus efeitos, você pode confrontar aquela vozinha interior que as chama de fraudes ou impostoras. Dessa maneira, você pode ajudá-las a construir os alicerces de sua própria identidade e a combater as inseguranças que as levam a acreditar que não merecem reconhecimento.

3. **ESTEJA ATENTO PARA AS DINÂMICAS ABUSIVAS** — Muitas vezes, as pessoas que acreditam ser essencialmente ruins permanecem em relacionamentos com outras pessoas que as tratam como cidadãs de segunda classe. Pode haver amigos que se aproveitam delas, colegas de trabalho que as julgam e criticam constantemente ou, de forma mais dolorosa, membros da família que se recusam a reconhecer sua condição e oferecer apoio. Quando apropriado, pode ser muito útil destacar essas situações para o seu ente querido com TDAH. Essa abordagem não deve ter o objetivo de controlá-lo ou de dizer a ele o que deve fazer, mas, sim, de levá-lo a refletir sobre as dinâmicas observadas. Por exemplo, você pode dizer "Percebi que essa pessoa está exigindo muito do seu tempo, e parece que ela está provocando alguma ansiedade. Estou aqui para conversar sobre isso, se você quiser!".

4. **FAÇA AS PERGUNTAS QUE IMPORTAM** — Sabemos que as pessoas com TDAH não são grandes fãs de conversa-fiada. Portanto, fazer

as perguntas certas, mais profundas, pode ser fundamental para entender o que realmente está acontecendo. Por exemplo, se a pessoa com TDAH estiver questionando se de fato se enquadra no diagnóstico, será bem fácil apenas dizer "Sim, isso faz sentido!" e deixar por isso mesmo. No entanto, essa poder ser uma oportunidade valiosa para explorar a raiz dessa dúvida. Pergunte por que ela sente que não se enquadra no diagnóstico. Pergunte quando começou a acreditar que era imperfeita ou quanto tempo faz que se sente desamparada. Muitas vezes, por trás da dúvida sobre ter TDAH, há alguém que viveu durante muito tempo acreditando ser responsável por todas as suas dificuldades.

DISSIPANDO O MITO

Se a pessoa disser

~~Não existe TDAH. Sou apenas uma pessoa ruim.~~

Tente dizer isto:

Você tem TDAH.

Além do direito de acesso ao seu diagnóstico, você merece receber todo o apoio de que necessita.

MITO RELACIONADO AO TDAH #6: TODO MUNDO ME ODEIA SECRETAMENTE

Escrito por Rox

Eu tenho uma profunda sensação de ser alguém desagradável. Sinto que, ao sair de um ambiente, as pessoas começam a rir de mim. Mesmo quando me esforço para agir corretamente, sinto que serei vista como alguém que faz tudo errado. Seja em amizades de décadas ou em relacionamentos de longa data, para mim, é fácil acreditar que você, em segredo, me detesta.

Quando acreditamos ser muito desagradáveis, naturalmente, tentamos agir de forma a evitar que as pessoas não gostem de nós. E qual é a melhor maneira de deixar de ser desagradável? Tornar-se a pessoa mais exageradamente doce e agradável possível. Ao longo dos anos, desenvolvi estratégias para isso, criando métodos infalíveis para garantir que ninguém pudesse secretamente não gostar de mim, pois eu não daria nenhum motivo para isso. Então, eu desenvolvi uma fórmula para que todos gostassem de mim, que apresento nos itens a seguir. Com o tempo, eu decidi...

→ Não ter nenhuma necessidade.

→ Colocar os outros antes de mim, inclusive estranhos.

→ Sempre dizer "sim" quando alguém pede ajuda.

→ Oferecer ajuda, mesmo sem ser solicitada.

→ Sempre pagar a conta, mesmo que seja no crédito.

→ Nunca desafiar o comportamento de alguém, mesmo quando beira o abusivo.

→ Sorrir sempre.

→ Aceitar maus-tratos sorrindo.

→ Nunca me defender.

→ Jamais reclamar de nada.

Concluí que ser extremamente gentil me manteria segura, garantindo aceitação e simpatia e evitando conflitos. Por isso, fiz de tudo para me diminuir, me tornar o menor possível, ocupando quase nenhum espaço. Suprimi minha voz e permiti que as necessidades dos outros tomassem conta da minha vida. Tornei-me apenas um recurso para os outros, na esperança de que a gratidão alheia me trouxesse uma vida feliz.

No entanto, não alcancei a felicidade — ao contrário, eu fiquei ressentida e me senti usada. E isso foi um resultado das minhas escolhas. Essa abordagem desastrosa não se limitava apenas a amigos e entes queridos, mas se estendia a todos os aspectos da minha vida... Inclusive ao trabalho. Aceitei as piores condições, nunca resisti à exploração e cedi muito mais do que seria justo.

Um despertar terrível nos aguarda quando percebemos que renunciar a todo o nosso poder, na esperança de sermos tratados com justiça, na verdade, leva a frequentes abusos. Sempre que eu tentava ser gentil com alguém, acabava sendo pisoteada. Minhas tentativas de agradar a todos refletiam o pouco amor que eu tinha por mim mesma. Eu estava presa em um ciclo que chamo de "o dilema de agradar a todos".

O DILEMA DE AGRADAR A TODOS

1. Você cede muito mais do que seria justo apenas para ser considerado(a) legal.
2. O outro lado aceita de bom grado e aproveita mais do que deveria.
3. Você não é elogiado por ser gentil ou justo; você é explorado.
4. Um ressentimento começa a crescer dentro de você.
5. Você engole a situação e se esforça além do limite de novo.
6. Mais uma vez, o outro se aproveita de seus esforços.
7. Seu ressentimento transborda, e você, enfim, se manifesta.

8. A explosão de seus limites é manifestada com raiva e recebida com surpresa, pois é a primeira vez que o aproveitador se depara com seus limites.

É uma dança bem tóxica. É como fazer um acordo sem que o outro saiba: serei supergentil e lhe darei poder sobre mim, esperando, em troca, ser tratada com todo o cuidado. Que ingenuidade!

Li, uma vez, um *tweet* engraçado que dizia algo como "o curioso sobre o agradar a todos é que ninguém ao seu redor parece satisfeito de fato". Isso fazia muito sentido no meu caso. Meu plano de ser simpática nunca me trouxe o tratamento justo que eu buscava. Pelo contrário, gerou um peso enorme de ressentimento que transbordava e acabava envenenando a dinâmica de qualquer situação. Quando somos valorizados apenas por sermos agradáveis, na realidade, não somos amados de verdade. Somos apenas úteis, uma ferramenta dentro dos planos de outra pessoa. Ao agir assim, nunca permitimos que os outros conheçam nosso verdadeiro eu — aquele que é imperfeito, humano, sensível e que também tem suas próprias necessidades. E, quando nos ressentimos pelo fato de ninguém enxergar essa parte de nós, embora nós mesmos a escondamos, isso costuma levar ao fim do relacionamento, deixando ambas as partes profundamente incompreendidas.

Então, por que tantas pessoas com TDAH acabam se tornando bajuladoras? Em 99% dos casos, a justificativa é a "disforia sensível à rejeição", conhecida como DSR. É uma forma inteligente de dizer que somos extremamente sensíveis e que achamos que todo mundo nos odeia, mesmo que isso não seja verdade. Vejamos, a seguir, um pouco mais sobre a DSR e os gatilhos que podem ativá-la.

GATILHOS DA DSR

→ **EXTERNOS** — Críticas ou feedback negativo de outras pessoas, rejeição ou exclusão, fracassos e contratempos.

→ **INTERNOS** — Conversa interna negativa, perfeccionismo e baixa autoestima.

→ **PERCEBIDOS** — Antecipação de rejeição ou crítica, hipersensibilidade a sinais sociais e medo de decepcionar os outros.[11]

E aqui apresento alguns exemplos baseados em minha própria vida de cada um desses gatilhos em ação.

→ **EXTERNOS** — Recentemente, participei de uma reunião sobre minhas músicas. Alguém perguntou "O que aconteceria se você escrevesse uma música feliz?". A pergunta foi feita com genuína curiosidade e gentileza, era um conselho amigável. No entanto, o que eu realmente ouvi foi: "Odeio todas as músicas que você escreveu. Faça algo melhor!". Acabei chorando diante de um grupo de homens de meia-idade.

→ **INTERNOS** — Antes de lançar meu primeiro EP, *Good Die Young*, tive um grande surto. Duas semanas antes do lançamento, concluí que era a pior coisa do mundo e quis jogar fora todas as músicas. Senti vergonha do meu trabalho e fiquei fisicamente doente só de imaginar que as pessoas o ouviriam. Por sorte, fui convencida a não seguir por esse caminho, e agora estou feliz por ter lançado o trabalho e tenho orgulho dele. No entanto, quando a DSR se manifesta, tudo fica distorcido.

→ **PERCEBIDOS** — Há algumas semanas, cismei que uma das minhas melhores amigas me odiava. Ela me enviou uma mensagem de texto um pouco mais curta do que o habitual e sem *emojis*, e isso foi suficiente para que eu sentisse aquele mal-estar e aquela ansiedade familiares, como se algo estivesse incrivelmente errado. Acabei fazendo algo completamente *insano* e perguntei se ela estava bem... Ela estava correndo para pegar um trem, o que justificava a falta de *emojis*.

A DSR nos leva a imaginar a pior explicação possível para cada situação...

→ A crítica construtiva se transforma em um ataque pessoal profundamente enraizado.

→ Nossas criações começam a parecer as coisas mais repulsivas do mundo.

→ Os relacionamentos pessoais podem se tornar inseguros em um instante.

Quando eu era mais jovem, passei *cinco anos* em um relacionamento profissional abusivo no âmbito emocional. Era com alguém que tinha muito poder sobre mim e que abusava dessa posição, gritando comigo, me culpando, mentindo e me roubando. Durante esses anos, perdi muito de mim e precisei de muita terapia para me reconstruir depois do que ele fez. Em retrospectiva, algumas questões sempre me deixaram perplexa: por que permaneci ali por tanto tempo? Por que não disse nada? Por que eu não fui embora? Acredito que a DSR foi a razão pela qual fiquei. Eu tinha muito medo de me defender, pois isso poderia resultar em rejeição, então, optei pelo silêncio. A profunda dinâmica de agradar os outros que desenvolvi ao longo da minha vida, na busca por aceitação, me levou a sorrir e desviar o olhar diante de ameaças verbais sérias feitas na minha cara.

As pessoas com TDAH são mais vulneráveis a esse tipo de relacionamento. Muitas vezes, nos sentimos atraídos por indivíduos que parecem ter tudo sob controle, que são confiantes, dominadores e potencialmente manipuladores. Eu me pergunto qual é o papel da DSR nisso. Esse profundo sentimento de fracasso pessoal pode causar tanta dor que nos dispomos a fazer qualquer coisa para consertá-lo, até mesmo nos permitir ser maltratados. Depois de anos fingindo que não temos necessidades e tentando apaziguar as pessoas ao nosso redor, enfrentamos uma consequência debilitante: pedir o que desejamos pode parecer egoísmo e afirmar-se pode ser interpretado como agressão.

A experiência que tive com meu agressor foi uma curva de aprendizado — ou, de forma mais precisa, uma queda abrupta de um penhasco de 150 metros. Percebi que, para evitar que isso se repetisse, eu precisava recuperar meu poder. Era essencial parar de me esforçar tanto para ser amada, sobretudo por pessoas que costumavam gritar comigo. No entanto, mudanças profundas como essa não acontecem da noite para o dia. Mesmo agora, ainda me vejo repetindo padrões familiares.

Quando conheci o Rich, acreditei que estava me saindo muito bem em me afirmar. Ninguém em minha vida gritava comigo com frequência, e isso parecia uma grande conquista. No entanto, o feedback que ele costumava me dar era: "Você está sendo muito gentil!". Ao me esforçar demais para estar disponível para um amigo, trabalhar excessivamente em um projeto de outra pessoa ou aceitar condições desfavoráveis em um acordo de trabalho, minha gentileza continuava a ser um obstáculo.

Pela perspectiva da DSR, sinto que eu estava desesperada para provar meu valor, tanto no trabalho quanto nos relacionamentos. Aterrorizada pela possibilidade de rejeição, eu me esforçava ao máximo para me manter valiosa para os outros. Nunca me sentia à vontade. Quaisquer emoções ou desejos que aflorassem em mim eram rapidamente esmagados assim que surgiam! Eu dizia a mim mesma que minhas necessidades pessoais eram egoístas. Esse não é o caminho para ser a Miss Simpatia do Mundo.

Sentir a DSR se manifestando era como se cada movimento meu fosse observado por mil pares de olhos julgadores, esperando que eu cometesse algum engano, fizesse algo errado ou, pior, agisse de forma egoísta. Um dos meus maiores medos era ser rotulada como egoísta. Ser vista como alguém que priorizava suas próprias necessidades, perseguia seus próprios sonhos e usava suas habilidades para seu próprio prazer parecia algo profundamente desconfortável para mim. Naquele momento, eu trabalhava como compositora para outras pessoas, e esse era o trabalho perfeito para quem busca agradar. Meu papel consistia em compor músicas que outras pessoas gostariam de ouvir e, em seguida, lançá-las. Passava cinco dias por semana no estúdio, desenvolvendo ideias para os outros. Embora eu desejasse voltar a me concentrar em meus projetos artísticos, eu me sentia profundamente egoísta ao considerar isso, ao pensar em abandonar todas as pessoas que precisavam da minha ajuda. Perseguir meus sonhos, em vez de trabalhar nos sonhos dos outros. Na realidade, essas pessoas não precisavam de mim. Essa era apenas a narrativa que eu criava para mim mesma!

Este é o maior e mais insidioso problema da DSR, causado pela sensação de que todos nos odeiam; isso nos leva a dar apenas pequenos passos em nossas vidas. Nunca temos um sonho próprio, nunca alcançamos nosso potencial e nunca tentamos realizar nossos desejos, independentemente de quais sejam. A exposição se torna um ato assustador e temeroso, pois nos leva a julgamentos, a críticas e à possibilidade de não sermos apreciados não apenas por amigos e familiares, mas também por estranhos. Podemos chegar ao ponto de perguntar a nós mesmos algo como "Quem você pensa que é para acreditar que pode confiar em seus próprios sonhos?".

Em 2021, fiz o impensável: entrei no TikTok e comecei a postar vídeos das músicas que eu havia escrito para mim mesma. Elas começaram a viralizar. Nos anos seguintes, ocorreu o florescimento do que sempre desejei desesperadamente, mas nunca pensei que conseguiria: ser uma artista. Cantar para pessoas que sentem uma conexão profunda com a minha música. Lancei dois EPs (sim, inclusive aquele que tentei descartar!) dos quais me orgulho imensamente. Fiz uma turnê que esgotou pelo Reino Unido e agora tenho uma comunidade de pessoas com histórias semelhantes à minha, unidas para compartilhar uma dor coletiva. Tem sido uma experiência muito maravilhosa e restauradora.

A cada passo, sentia-me constrangida e envergonhada. Tinha certeza de que amigos e familiares me julgavam. Acreditava que minha arte não era suficientemente boa e estava convencida de que a maior parte das pessoas na internet me odiava. E... mesmo assim, fiz o que fiz.

Sempre, sempre, meus piores instintos se mostram errados. A vergonha nunca vem à tona. A exclusão nunca acontece. Na verdade, é exatamente o oposto... Aos poucos, estou aprendendo que, ao me expor, com todas as minhas imperfeições, as pessoas tendem a gostar mais de mim, não menos. A autenticidade supera a insegurança.

É evidente que, não importa quanto feedback positivo eu receba, meu padrão habitual ainda é a antipatia. Por exemplo, me apresentarei pela primeira vez no Download Festival em 2024, um dos maiores festivais de rock do Reino Unido. É uma honra ser incluída, e sou muito grata à minha incrível equipe por ter conseguido uma vaga para mim. No entanto, eu, sendo eu mesma, fiquei imaginando cenários em que ninguém aparecia ou, pior, pessoas segurando

cartazes dizendo: "RØRY [nome do meu projeto artístico] É UMA MERDA!".
Mesmo assim, eu me apresentei. E estive aberta à possibilidade de que todos
esses medos que sinto profundamente pudessem não corresponder à verdade.

Isso é tudo o que precisamos fazer: manter a mente aberta à possibilidade
de estarmos errados. Não existe uma solução rápida para a DSR. A melhor
forma de superá-la é reconhecer que estamos suscetíveis a ela e nos proteger
da melhor maneira possível quando ela surgir. A verdade é que, provavelmente,
as pessoas não te odeiam. Pelo menos, não todas. E aquelas que odeiam você
não merecem seu tempo. Nem todos precisam gostar de nós. Não somos pizza.
(Não gosta de pizza? Então, chocolate!)

Aqui está meu pequeno guia de sobrevivência para a DSR, com o acrônimo
N.I.C.E. ["legal", em inglês]...

1. **NOTAR** — Quando notarmos algum gatilho relacionado à rejeição interna, externa ou percebida, devemos reconhecer o que está acontecendo: "Minha DSR foi ativada!". Muitas vezes, isso é suficiente para
   impedir que a situação se agrave, e essa atenção proporciona uma sensação de compreensão e controle sobre o que está ocorrendo.

2. **INSPIRAR** — Precisamos de um momento para respirar... literalmente!
   A DSR pode ser avassaladora no âmbito emocional, e não queremos
   agir quando estamos agitados. Pratique a respiração profunda, faça
   uma caminhada ou envolva-se em qualquer atividade que ajude a acalmar seu corpo e promover a tranquilidade.

3. **CONFORTAR** — Devemos ser extremamente gentis conosco, nos oferecendo palavras encorajadoras e criando um espaço tranquilo e livre de
   julgamentos. Além disso, é importante buscar conforto em um familiar
   ou um amigo de confiança.

4. **EXPLORAR** — É preciso rever o gatilho. O que exatamente o causou?
   Estou acrescentando alguma crença negativa sobre mim mesmo(a) em
   relação a esse evento? A DSR pode estar ocultando o que de fato está
   acontecendo? Será que eu preciso me impor e estabelecer um limite?

Preciso de algum conselho? É importante reservar um tempo para analisar com calma o que ocorreu antes de seguir em frente.

A DSR costuma ser mencionada em nossa comunidade como um dos sintomas mais difíceis do TDAH, e isso faz sentido. A crença de que todos ao nosso redor nos odeiam secretamente é uma forma angustiante de viver, pois nos impede de relaxar completamente e de sermos autênticos. No entanto, assim como em todos os aspectos do TDAH, não estamos aqui para erradicá-la, mas para lidar com ela com gentileza. É importante considerar que deve haver uma razão para o desenvolvimento da DSR. Minha teoria, embora não tenha comprovação científica, sugere que a rejeição pode nos remeter a experiências traumáticas da infância, quando fomos julgados e rejeitados por nossos cuidadores. Independentemente da origem, é fundamental estarmos cientes disso para evitar que nos tornemos indiferentes, permitindo-nos abraçar a melhor versão de nós mesmos e aceitar o amor e a amizade genuínos das pessoas ao nosso redor.

DESTRUINDO O MITO DO "TODO MUNDO ME ODEIA SECRETAMENTE"

A DSR se manifesta em quase todas as pessoas com TDAH, e é muito provável que esteja afetando você de forma profunda, talvez até sem que você perceba. As camadas dessa condição são extremamente complexas, criando uma dinâmica semelhante ao dilema "Quem veio primeiro: o ovo ou a galinha?". Será que a DSR inata resulta em uma antipatia profunda desde o nascimento ou será que viver em um mundo com pessoas que não compreendem nossas necessidades e sensibilidades gera essa sensação? A verdade é que não tenho uma resposta definitiva. O que sei é que isso pode ter consequências devastadoras em relacionamentos significativos e em nossa capacidade de encontrar segurança neste mundo.

Viver acreditando que todos nos odeiam nos leva inevitavelmente a adotar uma postura de inibição e retraimento. Então, passamos a agir de maneira contida e cautelosa, escondendo nossa verdadeira essência para evitar qualquer tipo de julgamento. No entanto, a DSR não precisa prevalecer. Devemos nos unir contra a negatividade que permeia nossa mente, compartilhar nossas dificuldades com as pessoas mais próximas e combater as situações que nos aterrorizam.

A DSR não desaparece com o tempo, mas aprendemos a agir apesar dela. Vejamos algumas estratégias que podem ser adotadas para aliviar a DSR...

1. **RELACIONAMENTOS SEGUROS** — Nem todos os relacionamentos precisam ser salvos ou vivenciados com vulnerabilidade. Estar vulnerável em um ambiente abusivo pode resultar em efeitos devastadores e duradouros. Pessoas seguras não gritam com os outros, não humilham nem manipulam ninguém. Não temos obrigação de agradar as pessoas nem precisamos viver como se estivéssemos pisando em ovos. Em vez disso, deve haver uma leveza e uma abertura em relação aos nossos sentimentos, para nos expressarmos com liberdade e para que sejamos valorizados. Esses são os relacionamentos que realmente merecem ser cultivados.

2. **ESTAR ABERTO** — Dentro dos limites de um relacionamento seguro, abrir-se e perguntar o que a outra pessoa sente em relação a nós pode ter um efeito curativo significativo. Isso permite que a outra pessoa ofereça segurança e amor, ao compreender a profundidade dos nossos pensamentos sombrios. Também é importante evitar agir por impulso, o que costuma nos levar a sair, correr, bloquear ou nos desconectar dos outros. Embora essas reações sejam válidas quando um relacionamento se torna tóxico, a perspectiva da DSR pode nos impedir de enxergar com clareza, sobretudo após um gatilho. Devemos reservar um tempo para discutir a situação com nossos entes queridos. A técnica NICE, descrita neste capítulo, pode ser utilizada antes de tomarmos nossas decisões, assim que estivermos mais calmos e confiantes.

3. **É IMPORTANTE TOLERAR A REJEIÇÃO** — Uma das habilidades mais importantes que podemos desenvolver é a capacidade de aceitar a

antipatia alheia. A rejeição é inevitável. Não há como agradar a todos. Com certeza, em algum momento, iremos aborrecer ou decepcionar alguém. Embora seja desconfortável lidar com isso, é essencial aprender a conviver com essa realidade se quisermos romper o ciclo de tentar, desesperadamente, ser aceitos por todos. Algumas pessoas vão nos amar de forma profunda e incondicional, enquanto outras podem nos considerar apenas "ok", e outras talvez até não gostem de nós ou sintam alguma aversão por nós. Como disse o escritor francês André Gide, "é melhor ser odiado pelo que você é do que ser amado pelo que você não é".

4. **SENTIR MEDO E, MESMO ASSIM, FAZER** — Se temos medo de que, ao ir em busca de nossos sonhos, as pessoas possam não nos aprovar, é provável que estejamos nos escondendo de nós mesmos e não revelando ao mundo tudo o que temos a oferecer. Compartilhar nossa história, nossa arte e nossa voz não é um ato egoísta; na verdade, é exatamente o oposto — é um gesto altruísta, que expõe nossa essência, com a intenção de trazer alegria. Isso possibilita que os outros vejam quem de fato somos e pode inspirar alguém a fazer o mesmo. Às vezes, o medo atua como um guia para aquilo que realmente precisamos realizar.

DISSIPANDO O MITO

Em vez de dizer

~~Todo mundo me odeia secretamente.~~

Tente dizer isto:

Confio nas pessoas que amo para que me avisem se houver algum problema.

Às vezes, preciso de uma dose extra de apoio, e isso é perfeitamente aceitável.

"NÃO, EU NÃO ESTOU BRAVO COM VOCÊ"

Escrito por Rich

— Querido, tenho algo para lhe contar — disse Rox. — Comprei um presente de aniversário para mim.

São 21h32. Já estamos na cama. Esse é o tipo de atitude *rock 'n' roll* que se pode esperar de duas pessoas sóbrias que estão na casa dos trinta anos.

— Ah! Adoro isso em você! — digo a ela, apoiando o cotovelo. — Você merece. Quanto você gastou?

— Sete mil libras.

Senti algo como se todo o ar tivesse saído de mim. Isso ocorreu em 2021, quando ainda estava ajudando Rox a limpar seu nome. Registramos ela para votar, pagamos algumas dívidas antigas e a colocamos como titular nos boletos das empresas de serviços públicos (gás, água, eletricidade). Ela estava criando um orçamento mensal e se esforçando bastante para mudar seus hábitos impulsivos. Por isso, fiquei bem surpreso quando ela me contou que havia gastado 7 mil libras (cerca de 9 mil dólares) em um presente de aniversário.

Depois de uma investigação mais aprofundada, descobri que Rox estava, na verdade, gastando 7 mil libras em um videoclipe para sua música *Uncomplicated*. Ela disfarçou essa despesa como um presente de aniversário, acreditando que eu ficaria irritado com ela por ter produzido o videoclipe.

Gostaria de compartilhar uma dinâmica um tanto complicada que tem ocorrido com frequência entre mim e Rox...

1. Ela se compromete com algo, como um evento ou outra coisa que vai gerar uma grande despesa.
2. Presumindo que eu vá ficar irritado, ela opta por não me contar.
3. À medida que a data se aproxima, a situação se torna mais urgente.
4. Por fim, ela se vê obrigada a me contar, pois seria inevitável que eu descobrisse.

5. Nesse momento, ela se transforma em uma pilha de nervos, ciente de que deveria ter lidado com a situação de maneira diferente.

6. Eu fico frustrado não por causa do plano ou do gasto, mas por ela não ter me contado tudo antes.

Essa dinâmica se repetiu diversas vezes entre nós — quando ela agendou videoclipes, quando planejou encontros com amigos, quando nos inscreveu em aulas de ginástica e em várias outras situações. Em todas essas ocasiões, ela acabava tendo de confessar. A culpa por manter suas decisões em segredo tornava-se insuportável, deixando-a completamente desorientada. Ela se sentia confusa em relação ao motivo de não ter me contado desde o início e frustrada consigo mesma, ciente de que, se tivesse me informado antes, tudo teria transcorrido de forma muito mais tranquila.

No entanto, lá estávamos nós, na cama, na noite anterior à gravação de um videoclipe.

Por outro lado, quando planejo algo que envolva Rox e eu, o processo é muito simples para mim.

— Querida, você gostaria de jantar com Andy e Claire no próximo domingo? — pergunto a ela.

— Claro — responde Rox.

Eu apresento uma opção, pergunto se ela aceita e, juntos, tomamos uma decisão. Dessa forma, tudo fica resolvido.

No entanto, com Rox, as decisões parecem passar por um processo muito mais complicado. Ou pedem algo a ela ou ela age por impulso, possivelmente motivada pelo desejo de agradar alguém. Em seguida, experimenta um medo intenso de que eu fique bravo, o que a leva a não me contar. Nos dias ou nas semanas seguintes, ela se vê presa em um ciclo de tentativas de ocultar essa informação, que, em geral, culmina em uma confissão de última hora, repleta de vergonha.

Nas primeiras vezes em que isso aconteceu, fiquei bem confuso. Parecia que eu estava sendo enganado, e pra mim é muito difícil lidar com esse tipo de coisa.

Não conseguia entender o comportamento de Rox; não fazia sentido, a meu ver. Nunca fiquei bravo com ela, nunca levantei a voz nem a julguei por querer gastar dinheiro em algo ou por criar algum evento social que me envolvesse.

Sem uma compreensão clara do que estava realmente acontecendo, acredito que esse padrão poderia ter causado danos significativos à confiança em nosso relacionamento. Ao esconder coisas de mim na tentativa de não me irritar, Rox estava, na verdade, me irritando. O mecanismo de defesa dela, que tinha o objetivo de evitar qualquer situação que pudesse abalar as coisas, acabou tendo o efeito oposto.

Quando descobri a DSR, foi como receber um manual de instruções sobre Rox.

Alguém pode experimentar uma dor emocional intensa ao perceber o que considera uma rejeição vinda de outra pessoa.

Essas palavras me tocaram profundamente. Quando Rox tomava decisões que acreditava que eu desaprovaria, como concordar em gastar uma quantia significativa de dinheiro, ela sentia uma dor emocional intensa, temendo que, ao descobrir suas ações, eu a rejeitaria. De certa maneira, Rox pensava que meu amor por ela fosse condicional, como se eu estivesse apenas esperando que ela cometesse um erro para ficar bravo. Isso mudou completamente minha perspectiva sobre o padrão que se repetia entre nós.

Percebi que seria necessário ter uma conversa honesta, acompanhada de muitas garantias da minha parte de que eu jamais gritaria com ela, a rejeitaria ou deixaria de amá-la por ter feito planos de jantar com amigos sem me avisar. O alívio que se refletiu em seu rosto ao ouvir essas palavras em voz alta foi palpável, como se ela, enfim, tivesse se libertado de um peso que a acompanhava por anos.

Rox tem TDAH e está sempre fazendo planos, aceitando compromissos e gastando dinheiro em várias coisas, às vezes, de maneira impulsiva. Essas ações nunca são motivadas por má intenção, e costumam ser seguidas por um sentimento de "Ah, merda! Eu deveria ter contado ao Rich!". O que importa é que ela não está tentando me enganar de propósito; ela tem medo de ser rejeitada.

É fácil rotular alguém como manipulador, egoísta ou dissimulado, ou considerar que essa pessoa tem más intenções. Esses termos carregam uma forte carga de vergonha e um sentimento de maldade pessoal. Retratar uma pessoa com TDAH dessa maneira apenas agrava a percepção negativa que ela já tem de si mesma, alimentando sua crença de que não tem valor e que não merece amor incondicional.

Agora, Rox faz um esforço considerável para me incluir em suas decisões impulsivas. Algumas delas, é claro, passam despercebidas, como a escolha de reescrever completamente o livro, sobre a qual falamos na introdução! No entanto, ela se sente à vontade para me informar quando diz a um amigo que vamos nos encontrar ou quando há uma gravação de vídeo agendada. Mesmo agora, depois de anos juntos e tantas experiências que provam que eu nunca a machucaria e nem ficaria bravo com ela, ela ainda sente um grande medo ao compartilhar algumas informações. É como se estivesse aguardando a próxima crise. Muitas vezes, depois de contar algo que está planejando ou compartilhar sua visão sobre uma situação, ela logo pergunta:

— Você está com raiva de mim?

Sempre que isso acontece, eu respondo que não. No entanto, sua ferida interna, que espera que eu me volte contra ela a qualquer momento, está sempre presente. O mais importante é que ela se sinta segura para fazer essa pergunta. Este é o objetivo: não se trata de consertar a DSR ou tentar forçá-la a desaparecer. Na minha experiência, isso apenas faz com que Rox se sinta mais julgada e mais inclinada a evitar as situações. Em vez disso, mantemos um ambiente acolhedor e quase divertido, onde ela pode perguntar "Você me odeia?" a qualquer momento e receber as devidas garantias. Isso acabou adquirindo um caráter quase cômico para nós.

Outro comportamento que testemunhei e que afetou Rox de maneira extremamente negativa foi sua tendência a se esforçar demais pelos outros. Ela costumava encontrar amigos mesmo quando estava exausta, comprometer-se com dias extras de trabalho quando estava atrasada em seus próprios projetos e estar sempre disponível para alguns amigos que se aproveitavam desse comportamento. Rox não temia ser odiada apenas por mim, ela temia ser odiada por qualquer pessoa. Quando alguém pedia para ela dedicar um pouco do seu tempo, parecia que um motor a fazia se movimentar. Sem verificar sua disponibilidade, seus planos nem seus desejos, a resposta era sempre:

— Sim. Eu posso ajudar.

Lembro-me de uma amiga em particular que ligava para Rox todos os dias, muitas vezes apenas para desabafar sobre seus últimos dramas e quase sempre em busca de consolo. As ligações duravam horas, e Rox acabava exausta e desanimada. Quando eu sugeria que talvez ela não precisasse atender o telefone sempre, ela reagia na defensiva:

— Mas preciso estar presente. Preciso ser confiável. Isso é algo bom.

Percebi que Rox utilizava sua necessidade de agradar como uma armadura, algo de que se orgulhava. No entanto, com o tempo, a ansiedade causada pelas ligações diárias e o ressentimento pelo tempo dedicado a essas conversas começaram a pesar demais. Ela decidiu conversar com a amiga e expressou o desejo de reduzir a frequência das ligações, o que acabou resultando no fim da amizade. Veja, quando alguém está preso na tentativa de ser amado por todos, torna-se um ímã para pessoas que exploram essa vulnerabilidade, drenando sua energia. Essa dinâmica não representa uma amizade verdadeira ou uma conexão genuína; é um jogo de poder. Contudo, pela perspectiva da DSR, uma pessoa com TDAH sente que precisa agir dessa forma para ser aceita.

As coisas mudaram, agora. Rox me assegura que não há mais ninguém assim em sua vida. Ela tem alguns amigos essenciais, um ótimo apoio no trabalho, e somos nós três em casa. No entanto, levou anos para que ela deixasse de ser sugada por outras pessoas, e ela ainda precisa de lembretes que a ajudem a se manter firme e a estabelecer limites claros.

O ambiente natural de uma pessoa com TDAH a leva a ser consumida pelos outros, mas é fundamental que ela aprenda a se proteger de seus instintos para desbloquear sua própria identidade e seu potencial.

COMO AJUDAR UMA PESSOA COM TDAH QUE ACREDITA QUE TODO MUNDO A ODEIA SECRETAMENTE

A DSR é uma das batalhas mais desafiadoras para quem tem TDAH, pois gera uma sensação constante de que a pessoa está sempre errada e prestes a ser rejeitada. Isso pode resultar em sentimentos como a necessidade de agradar os outros, de esforçar-se além do limite e evitar determinadas situações. Além disso, os intensos gatilhos emocionais que surgem podem acarretar consequências indesejadas.

Nosso papel ao apoiar a pessoa que está confusa é criar um ambiente seguro e proporcionar reafirmação contínua. Não basta garantir apenas uma vez que não estamos bravos ou que não vamos rejeitá-la. O padrão de pensamento da DSR é uma constante na mente da pessoa com TDAH, lembrando-a o tempo todo de que não é boa o suficiente e de que não é amada. Por isso, a reafirmação deve ser frequente, pelo menos a princípio. É necessário reservar um tempo para que ela baixe a guarda e revele o quão incômodos são seus pensamentos em relação aos outros. No entanto, só depois que ela compartilhar esses pensamentos e receber apoio é que esses medos começarão a se dissipar, permitindo a construção de uma nova e mais forte voz interior.

Vejamos como ajudar alguém com DSR...

1. **LEMBRE-A DE QUE NÃO É PRECISO AGRADAR A TODOS —** A crença de que todo mundo a odeia secretamente pode ser comum. O mais importante é escolher pessoas que a amem e a queiram por perto, oferecendo segurança e compreensão. Ajude-a a descobrir como recuperar sua energia, evitando a dispersão ao tentar agradar a todos, e mostre como direcionar essa energia para a própria vida, para seus sonhos e os relacionamentos que ofereçam reciprocidade.

2. **AJUDE-A A SE CONECTAR COM SEU CORPO —** Nossos corpos são altamente intuitivos e conseguem perceber quando algo não está certo ou quando há algo errado com outra pessoa. No entanto, a

pessoa com TDAH costuma ignorar esses sinais em virtude da intensa necessidade de ser aceita e se sentir segura. É fundamental ajudá-la a reconhecer essas sensações de novo, destacando sobretudo momentos em que ela pareça ansiosa ou desanimada depois de interações com determinadas pessoas ou ao realizar determinadas tarefas. O importante é que ela comece a estabelecer conexões entre suas emoções e suas experiências, percebendo que tem a capacidade de preencher seu tempo com atividades que proporcionem energia e segurança.

3. **SEJA REALMENTE HONESTO** — A pessoa com TDAH é extremamente sensível e tem uma forte sintonia emocional. Ela costuma perceber até as mínimas expressões dos outros. Contudo, as perspectivas do DSR podem amplificar um pequeno sinal de irritação na expressão facial de alguém, transformando-o em algo catastrófico. Se uma pessoa com TDAH perguntar se você a odeia e se, naquele momento, algo o incomodou, é fundamental compartilhar suas impressões com ela. Não finja que nada está acontecendo. Essa transparência a ajudará a aprender duas lições valiosas: que pode confiar em seus instintos e que uma pessoa pode estar um pouco chateada ou cansada sem que isso signifique o fim do relacionamento ou uma rejeição total.

4. **DÊ MUITOS ABRAÇOS, CARINHO E AFETO** — O afeto físico é um excelente redutor de estresse e uma ótima forma de correregulação, pois proporciona uma sensação genuína de segurança. Quando a pessoa com TDAH se sente frágil, criticada ou solitária, ela pode se beneficiar de um abraço ou de outro tipo de contato físico. Esse gesto pode ajudá-la a lidar com os gatilhos emocionais provocados pela DSR, permitindo que se sinta mais tranquila e que consiga acessar partes mais racionais de sua mente.

DISSIPANDO O MITO

Se a pessoa disser

~~Todo mundo me odeia secretamente.~~

Tente dizer isto:

Nem todo mundo irá gostar de você, e está tudo bem.

Eu amo muito você.

MITO RELACIONADO AO TDAH #7: EU SOU INÚTIL

Escrito por Rox

Desço as escadas correndo, repleta de esperança de que conseguirei pegar o trem a tempo, pois marquei cabeleireiro para daqui a uma hora. Pego minha bolsa e meu casaco, calço os sapatos e, de repente, percebo: "Ah, merda! Cadê minha carteira?". Dou início a uma rápida busca nos lugares óbvios... A travessa ao lado da porta, onde me comprometi a sempre colocar minha carteira. O bolso do casaco que usei ontem. A mesa de centro da cozinha. Ela não está em nenhum desses lugares.

Meu rosto começa a arder, a ansiedade se intensifica em meu peito e eu sinto que estou prestes a chorar e socar a parede.

Isso é o que chamo de "saída em pânico". Vou explicar o conceito. A *saída em pânico* acontece quando uma pessoa com TDAH está prestes a sair de casa e percebe que esqueceu um item essencial. Esse reconhecimento provoca uma busca frenética e gera sensações de pânico, impulsionadas pelo desejo urgente de não se atrasar.

Sair de casa dessa forma é um sinal quase garantido de que terei um dia péssimo. Meu corpo nunca se recupera completamente a ponto de ficar bem e equilibrado, o que significa que, ao longo do dia, me comportarei como uma pessoa normal e farei atividades de adulto, mas com a mente repleta de conflito e medo. Uma manhã frenética gera um efeito dominó, resultando em um dia, muitas vezes, caótico e estressante.

Vou falar sobre a próxima peça do dominó que cai...

Chego à estação de trem e corro em direção à máquina de venda de bilhetes. Claro que não consigo comprar minha passagem sem minha carteira. Apresso-me indo para a bilheteria e me posiciono de forma educada atrás de outros oito passageiros, enquanto os minutos vão passando, ciente de que meu trem partirá em breve. Um otimismo quase sobrenatural se apodera de mim, uma crença persistente de que, de alguma maneira, a fila vai andar rápido, o trem vai se atrasar ou algum ato divino me possibilitará embarcar. Infelizmente, hoje não há milagres. Vejo meu trem se afastar, tomada de uma sensação terrível no estômago.

Envio uma mensagem para meu cabeleireiro...

> *Oi, Fred. Desculpe, eu perdi o trem. É meu TDAH, sabe? rs. Estou um pouco atrasada, mas vou tentar compensar o tempo e chegar o mais rápido possível!*

"Vou tentar compensar." Essa é a pior promessa a ser feita quando estamos atrasados. A combinação do estresse que meu corpo enfrenta por causa da carteira perdida, da dislexia direcional e da pressão extra de prometer que vou compensar o tempo é uma forma infalível de garantir que, na realidade, chegarei ainda mais tarde.

Eu sei que o estresse piora os sintomas de TDAH.

Escrevi um livro sobre isso.

Meu trabalho em tempo integral é elevar a conscientização relacionada a isso.

Meu conselho de amiga retirado de *Dirty Laundry* — "se estiver em pânico, pare tudo e respire fundo para tentar se regular" — parece ter sido escrito por outra pessoa. Não vou fazer uma pausa para respirar. Vou correr de um lado para outro, tentando desesperadamente corrigir o erro da minha conduta.

Embarco no trem seguinte, agora com quinze minutos de atraso. Não é tão ruim assim; ainda posso compensar. Mas... eu tenho que me acalmar. Estou me sentindo péssima. Procuro meu celular, os fones antirruído. É hora de me desconectar do mundo e me recompor.

Enquanto vasculho minha bolsa, meu estômago se revira.

Onde diabos estão meus fones de ouvido?

Hoje, não. Por favor, hoje, não.

Reviro minha bolsa e meus bolsos desesperada, na esperança de que, em meio ao pânico, eu não tenha percebido algo. Não confio em meus próprios olhos, e com razão! Já perdi a conta de quantas vezes procurei "minuciosamente" algo na minha bolsa e, depois, logo em seguida, Rich o encontrou de imediato! No entanto, acabo tendo que aceitar o inaceitável: estou em um trem para Londres, estressada e sem fones de ouvido.

O trem faz muito barulho. As pessoas falam alto. E o crime fatal: alguém está comendo batatas fritas.

Meu sangue começa a ferver. Com a mente estressada, desesperada, à procura de algo que me ajude a me sentir mais equilibrada, surge a pior ideia possível nesse momento...

Se eu descer na estação London Bridge, posso correr para comprar novos fones de ouvido e, depois, voltar à estação Farringdon* para pegar o trem. Isso levará apenas cinco minutos.

Todas as evidências que reuni ao longo da minha vida gritam para mim dizendo que isso não levará, de fato, cinco minutos. No entanto, a eterna otimista que existe em mim acaba vencendo a batalha. Pode ser fisicamente impossível, em virtude das leis do universo e, bem, considerando a forma como o tempo funciona... Mas, ainda assim, estou decidida a tentar.

Desço do trem na estação London Bridge e, desengonçada, corro até a loja WHSmith.

— Fones de ouvido para iPhone, por favor.

— Quais?

— Hummm... Não tenho certeza.

— Posso ver seu celular?

---

* Segundo o Google Maps, o trem entre London Bridge e Farringdon passa a cada oito minutos e demora nove minutos entre uma estação e outra. (N.T.)

O simpático jovem verifica meu celular e me informa que preciso de fones de ouvido novos para iPhone. Pago 30 libras pelo privilégio e, com a compra em mãos, sigo de volta para a estação de trem. Quando coloco meu bilhete na catraca para retornar à estação principal, um sinal sonoro é emitido: *procure a assistência.*

Olho para minha passagem e, horrorizada, percebo que comprei uma passagem de ida e volta, em vez de um bilhete válido para o dia todo. Isso significa que não posso descer do trem e tentar embarcar de novo. Preciso de outra passagem para voltar à estação. Pego meu celular e o encosto no leitor automático, que emite um barulhinho indicando que uma nova tarifa foi deduzida via Apple Pay. A vergonha pelo meu erro aumenta, e o que chamo de imposto do TDAH parece extremamente injusto nesse momento. Sinto-me completamente inútil, como um adulto desorientado, um peixe fora d'água que não deveria estar no mundo sem supervisão.

Faço as pazes com as 10 libras que perdi em uma nova passagem, embarco no trem e começo a me sentir um pouco mais calma. Como um animal selvagem, retiro da embalagem meus novos fones de ouvido e os conecto ao meu telefone. Estou a poucos instantes de alcançar a tranquilidade. Há algo na música, ou mesmo em um podcast, que me ajuda a me reencontrar em meio ao caos.

O conector não entra.

O problema sou eu? Será que estou sendo burra?

Tento enfiá-lo de todas as maneiras possíveis.

Não... Me venderam os fones de ouvido errados.

Um flashback da WHSmith:

— Não, não preciso da nota fiscal. Obrigada.

É isso. Essa foi a gota d'água para o TDAH. Não consigo mais esconder minha decepção. As lágrimas começam a escorrer, enquanto um tsunami de vergonha e constrangimento me invade. Nesse instante, sinto um profundo ódio por mim mesma. Sinto-me como um pedaço inútil de carne humana, completamente incapaz de cumprir até mesmo os princípios básicos da vida.

Amaldiçoo meu horrível e estúpido cérebro. Se ele estivesse fora do meu corpo, eu o teria chutado com toda a força e frieza.

Meu trem chega a Farringdon. Agora, estou 25 minutos atrasada e já aceitei o fato de que nenhum milagre ocorrerá hoje. Preciso apenas chegar ao cabeleireiro. Procuro as placas de saída, mas não as encontro. Decido seguir o fluxo de pessoas e acabo em outra plataforma. Estou perdida. Sinto-me aprisionada, exausta. Estou suando e me sentindo mal. A sensação de inadequação é avassaladora. Penso em ligar para o Rich, pois sei que ele me ajudaria a me acalmar. No entanto, nesse momento, sinto-me tão estúpida que não quero nem confessar a ele que estou perdida em uma estação de trem.

Por fim, encontro um canto tranquilo na plataforma e decido respirar fundo algumas vezes. *Tudo bem. Vou seguir a porra do meu próprio conselho idiota.* No meio de um estado de pânico induzido pelo TDAH, a necessidade de respirar vai sussurrar para você, depois, implorar baixinho e, então, gritar até que você desperte. Fecho os olhos e inspiro profundamente, contando até oito, e depois solto o ar. Olho para cima e, a 50 metros da plataforma, uma placa de "Saída" aparece onde eu juro que não estava alguns minutos antes. Ando com firmeza em direção a ela. O suor começa a escorrer pelo meu rosto. Meu pânico alcançou um nível crítico.

Segurando as lágrimas, deixo a estação e sigo em direção ao salão de beleza. Enquanto luto contra as emoções intensas, percebo que não estou bem. Estou à beira de um colapso. Preciso me sentar, tirar meu casaco e respirar, além de, provavelmente, chorar. Entro em um bar de hotel — que está quase vazio, o que é perfeito —, peço uma Coca diet gelada e encontro um lugar isolado em um canto. Em seguida, envio outra mensagem de texto…

> *Fred, sinto muito. Tive uma manhã infernal. Estou tomando um refrigerante rápido para me acalmar e logo estarei aí com você.*

Felizmente para mim, Fred, meu cabeleireiro, também tem TDAH. Não sinto vergonha de compartilhar com ele o que está acontecendo, pois sei que não haverá julgamentos. Desde a primeira vez que visitei o salão, ele deixou claro que aquele era um espaço isento de máscaras. Apesar disso, há sempre aquela vozinha irritante de DSR em minha cabeça me dizendo que ele pode me odiar secretamente e que não vai querer pintar meu cabelo de novo!

Depois de uns vinte minutos, meu corpo volta a um estado de tranquilidade pela primeira vez no dia. Minha respiração volta ao normal. Não estou tão quente. Não me sinto à beira de um ataque de pânico. Sinto-me bem e consigo, de fato, começar a olhar para o desastre do meu dia ainda sentindo um pouco de choque e enxergando naquilo uma pitada de comédia. Como sobrevivi a 39 anos nesta Terra?

Naquele dia, eu era uma verdadeira lista de verificações ambulante dos sintomas do TDAH e de suas manifestações...

- → **perda de memória de curto prazo** — a carteira que não consigo encontrar
- → **cegueira temporal** — a crença de que ainda havia tempo suficiente
- → **desregulação emocional** — sintomas parecidos com os de um ataque de pânico quando as coisas começaram a sair do controle
- → **imposto do TDAH** — a necessidade de novos fones de ouvido e de uma nova passagem
- → **dislexia direcional** — perder-se em uma estação de trem
- → **sensibilidade à rejeição** — o sentimento de que seria malvista por causa do meu atraso

Dias repletos de altos e baixos não ocorrem com frequência, graças a Deus! Contudo, ocorrem com mais frequência do que eu gostaria. Esse tipo de experiência faz eu me sentir como se não pertencesse a lugar algum, como se fosse completamente inútil, de uma forma absurda. Momentos assim sempre me fazem lembrar por que eu prefiro viajar com Rich. Sinto-me imensamente grata por tê-lo ao meu lado, mas também sinto uma profunda vergonha por precisar desse apoio...

Em meus dias bons, tenho plena consciência de que não sou inútil. Reconheço que meus pontos fortes envolvem criatividade, empatia e pensamento divergente. Também sei que enfrento dificuldades, como perder objetos, não encontrar o caminho correto e cometer erros simples. Nesses momentos, tento ser gentil comigo mesma e sigo em frente. No entanto, quando o TDAH se manifesta, a situação muda. Mesmo sabendo de todas essas qualidades, sinto-me à mercê do transtorno. Minhas falhas se tornam excessivamente evidentes, e me sinto como uma ré em um tribunal de Humanos Horríveis, sendo julgada pelo crime de ser Totalmente Inútil.

As evidências se acumulam na minha frente...

✓ Perde tudo diversas vezes.

✓ Nunca aprende.

✓ Não consegue manter o quarto limpo.

✓ Não responde às mensagens de texto de seus amigos.

✓ Faz promessas e as descumpre várias vezes.

✓ Desiste de tudo.

✓ É excessivamente sensível.

✓ É um fardo para todos.

✓ Sempre entende tudo errado.

✓ Não consegue seguir instruções simples.

O júri — composto de meu antigo chefe, alguns ex-professores e usuários anônimos da internet — balança a cabeça negativamente para mim com desdém. Sinto meus ombros pesarem e lágrimas se acumularem em meus olhos. Aceito minha culpa pelos crimes dos quais sou acusada e aguardo a sentença...

MAS ESPERE!

Isso não é justo.

Todos esses erros de que me acusam, eu os cometo por causa do TDAH.

Tenho dificuldades com a função executiva.

Não é culpa minha.

Na verdade, estou me esforçando muito.

Além disso, sei compor músicas incríveis!

Também faço porta-copos de resina.

E sei muito sobre temas bem específicos.

Ajudei meu marido e meus enteados a se conectarem mais com suas emoções.

Embora não seja boa com mensagens de texto, sou excelente ao vivo!

Agora, estou em pé, tomada pelo desejo de me defender diante do juiz e do júri.

E se eu os levasse a julgamento por sua falta de criatividade, seus interesses restritos e sua falta de empatia? E se eu revirasse os olhos para vocês só porque não conseguem escrever um livro, dar início a um negócio criativo ou perceber de imediato o que se passa sob a "cara de paisagem" de um ente querido? Seria justo julgá-los como se fossem um fracassado por não ter as mesmas habilidades que eu?

Vamos nos afastar da minha sala de audiências imaginária por um instante. Quero deixar uma coisa bem clara...

Pessoas com TDAH enfrentam desafios em áreas que as pessoas neurotípicas consideram simples.

Por outro lado, pessoas neurotípicas podem ter dificuldades com questões que consideramos fáceis.

Nós, que temos TDAH, vivemos alguns dias em que tudo parece desmoronar. São momentos em que tudo dá errado e nos sentimos como a pessoa mais inútil que já passou por este planeta. Precisamos superar isso da melhor maneira possível e retornar às coisas que, de fato, importam.

Ao final daquele meu angustiante dia, em consequência do TDAH, eu me senti péssima. Fiz um carinho em Rich e fui para a cama extremamente mal-humorada. No dia seguinte, acordei, me dirigi ao meu pequeno escritório em casa e comecei a escrever um capítulo deste livro — este capítulo. Se eu tivesse permitido que o mito da inutilidade se instalasse de verdade, isso teria sido impossível. Eu não teria me sentido capaz nem merecedora de trabalhar em algo criativo, que eu amo fazer.

Fones de ouvido inadequados, trens e horários perdidos... Todas essas situações são extremamente frustrantes (sem mencionar que também podem custar caro!). No entanto, elas não precisam nos definir. A dificuldade de funcionar como um adulto "normal" pode minar completamente nossa autoestima, alimentando a narrativa do "inútil" que envenena tudo o que fazemos. Nossa baixa autoestima não deve nos levar a sermos os mais organizados, a nunca nos esquecer de algo ou a manter uma casa impecável. Na verdade, tudo isso pode até contribuir para a aversão que sentimos por nós mesmos! Nossa autoestima positiva deve vir de outras áreas! Campos em que somos tudo, menos inúteis... Nossa empatia, nossa criatividade e nossa visão ampla... Sejam quais forem nossos talentos específicos, é com base neles que devemos nos aprofundar e nos valorizar.

DESTRUINDO O MITO DO "EU SOU INÚTIL"

Uma vida inteira enfrentando dificuldades com tarefas simples, cometendo erros recorrentes, lidando com problemas de memória e desregulação emocional impacta profundamente nosso senso de identidade. A constante sensação de fracasso, mesmo depois de nos esforçarmos ao máximo, nos leva a concluir que não temos valor. Sentimo-nos ineptos, como adultos falhos e inúteis.

Não somos inúteis por termos uma condição diferente de desenvolvimento neurológico. Essa é apenas uma parte de quem somos. Às vezes, os sintomas dessa condição podem nos causar dificuldades. Merecemos ajuda e apoio para enfrentar esses desafios. Não precisamos de um vilão interno gritando conosco, negando-nos a oportunidade de sonhar, de criar algo, de apreciar um hobby ou de nos arriscar por não termos decorado as regras do sistema de compras de bilhetes da National Rail. Somos dignos de uma vida plena, independentemente do TDAH. Temos muito a oferecer, seja em nossas famílias ou na comunidade em geral. Somos excêntricos e maravilhosos.

Vejamos algumas dicas para vencer o "monstro inútil"...

1. **NÃO PRECISAMOS NOS DEFINIR POR HABILIDADES BÁSICAS** — Nosso valor como seres humanos não se baseia na capacidade de não nos perdermos em uma estação de trem ou de nunca perder as chaves. Essas situações não são falhas morais; são apenas efeitos colaterais do TDAH. Irritantes e frustrantes, sem dúvida, mas isso não significa, de maneira alguma, que não mereçamos uma vida feliz e satisfatória. Devemos avaliar nossa vida com base em nossas conquistas, nosso coração, nosso amor, nossa bondade, nossa criatividade e nosso propósito.

2. **SEJAMOS NOSSA PRÓPRIA DEFESA** — Quando nossa voz interior afirmar que somos inúteis por termos esquecido um aniversário ou por estarmos tendo um colapso porque as peças do móvel da loja Ikea não se encaixam, é fundamental respondermos a ela. Precisamos nos defender como se estivéssemos lidando com um vilão. Essa voz em nossa cabeça não nos define; ela é a internalização das palavras e das ações das pessoas que circulavam ao nosso redor durante nossa infância. Quando reagimos, demonstramos que somos dignos de respeito, compreensão e bondade.

3. **A FILOSOFIA DO "E DAÍ?"** — Sou péssima em mensagens de texto. Com frequência, me disperso e esqueço coisas. E daí? Sinceramente, e daí? Há problemas muito mais sérios que alguém pode enfrentar do que causar um pouco de confusão a si mesmo. Precisamos aceitar que os desafios do TDAH farão parte de nossa rotina diária e retomar nossas atividades o mais rápido possível. Não podemos permitir que os sintomas interfiram em um dia inteiro e, num nível mais profundo, em nossa identidade!

4. **DEVEMOS DESCOBRIR QUAIS SÃO OS NOSSOS DONS** — Para combater a crença de que somos inúteis, é fundamental identificar áreas em que possamos nos destacar, agregar valor e encontrar prazer

genuíno. A autoestima se constrói quando enfrentamos desafios, assumimos riscos, acreditamos em nós mesmos, experimentamos coisas novas e superamos obstáculos. E se toda a energia que desperdiçamos tentando nos consertar fosse direcionada para nutrir nossos talentos naturais? O mundo precisa de perspectivas diferentes, pensadores divergentes, pessoas com variados padrões e gente altamente sensível, que sonha acordada. Vemos o mundo de uma forma única e somos capazes de criar ideias, planos e soluções em nossa própria mente. Devemos descobrir nossa magia e deixar que isso defina quem somos.

DISSIPANDO O MITO

Em vez de dizer

~~Eu sou inútil.~~

Tente dizer isto:

Eu tenho dificuldades diferentes e mereço apoio.

Há tantas coisas incríveis em que me destaco...

"VOCÊ NÃO É INÚTIL"

Escrito por Rich

— Você acredita que estou pronta tão cedo?

Olho para cima e vejo que Rox está de banho tomado, vestida e pronta para sair. É um verdadeiro milagre. Estamos a caminho de uma reunião de negócios para conhecer um possível empresário. Ele nos convidou para assistir ao espetáculo *O estranho mundo de Jack* (*The Nightmare Before Christmas*). Bem... Talvez seja menos uma reunião e mais uma noite bem divertida.

Saímos de casa e fomos de carro até a estação. Compramos as passagens e chegamos à plataforma com tempo de sobra. O trem chega pontualmente e está vazio — a combinação perfeita. Fazemos a baldeação na estação London Bridge e seguimos rumo à O2 Arena.

Rox e eu não saímos muito. Estamos abstêmios e, pelo que parece, somos muito introvertidos. Muitas vezes, já estamos de pijama e na cama antes das 21h30. Por isso, é empolgante nos aventurarmos para sair, sobretudo para o meu tipo favorito de evento: algo gratuito!

Fomos direto para a entrada VIP da lista de convidados, sentindo-nos um pouco envergonhados ao passar por uma fila de pessoas. No entanto, não há do que reclamar. O ambiente está mais tranquilo do que o habitual, e o espírito natalino está no ar.

— Olá, amigo — cumprimento o atendente da bilheteria. — Temos dois ingressos reservados no nome de Mark Walker.

— A que espetáculo vocês vão assistir?

— *O estranho mundo de Jack.*

— Desculpe, senhor. Esse espetáculo não está sendo apresentado aqui.

Se a caminhada até a bilheteria foi desconfortável, a saída de lá foi ainda pior. A expressão de Rox é de pura perplexidade. Ela não faz ideia do que está acontecendo.

— Deixa eu ver a confirmação, querida — digo a ela.

Ela me passa o celular atordoada. Ali está. Claro como o dia.

Dois ingressos.

O estranho mundo de Jack.

13 de dezembro.

OVO Arena, Wembley.

Estávamos na O2 Arena em *Canary Wharf.* Do outro lado de Londres. Demoraríamos uns quarenta e cinco minutos para chegar ao lugar correto, na melhor das hipóteses.

Vejo a expressão de Rox despencar. Pela vergonha de ter se confundido e errado o local. De ter estragado nossa noite. De nos fazer perder tempo. De decepcionar a pessoa que iríamos encontrar.

— Eu sou tão inútil... — ela sussurra. — Sinto muito.

É o começo de uma espiral de vergonha, e não há muito que eu possa fazer para evitar. Decidimos comprar um chocolate quente com marshmallows para tentar receber um pouco de dopamina e explicar ao Mark o que aconteceu.

— É tanta idiotice que ele nem vai acreditar em mim. É muita burrice minha — diz Rox. — Meus erros são tão estúpidos que não servem nem para ser usados como desculpa.

Gostaria de apresentar a você o conceito das "duas flechas". A primeira flecha é o que acontece quando algo dá errado. A segunda flecha é quando decidimos nos tratar de maneira cruel e autocrítica.

Eis o que estava acontecendo bem na minha frente...

A primeira flecha foi o fato de termos ido ao lugar errado, desperdiçando nossa viagem e decepcionando alguém.

A segunda flecha foi o fato de Rox se chamar de inútil e estúpida e usar uma série de outros nomes, castigando-se quando já estava bem abatida.

A primeira flecha é inevitável para todos nós. Todos nós cometemos erros, enfrentamos má sorte e passamos por situações difíceis. No entanto, para pessoas com TDAH, parece haver dez vezes mais dessas flechas voando por aí.

A segunda flecha, no entanto, é uma escolha. Ela não precisa ser disparada. A primeira flecha já causa dor suficiente. Não precisamos nos destruir no âmbito emocional lançando a segunda flecha.

Momentos como esse são frequentes em nossa casa, quando uma flecha de TDAH é disparada no meio de alguma ocorrência.

Eis algumas de nossas flechas de TDAH mais memoráveis...

→ Quando Rox incendiou o micro-ondas ao colocar algo que continha metal.

→ Quando Rox perdeu sua oitava carteira.

→ Quando Rox perdeu seu décimo oitavo par de fones de ouvido.

→ Quando Rox derramou água em seu laptop novinho em folha.

→ Quando Rox passou meses planejando comprar presentes para meu aniversário-surpresa, mas se esqueceu de encomendá-los.

→ Quando Rox derramou café na parede recém-pintada de branco do nosso quarto.

→ Quando Rox caiu da escada porque estava atrasada.

O impacto dessas situações é sempre desconcertante. Com frequência, surgem sentimentos de frustração, surpresa e irritação com as consequências do ocorrido. Já é difícil ter de lidar com tudo isso. Esse não é o momento para o vilão interno da Rox aparecer e intensificar a sensação de culpa ou inadequação, tornando as coisas ainda mais difíceis para ela.

Quando começamos a namorar, muito antes de ela iniciar a terapia e receber o diagnóstico, vivenciamos o que costumo chamar de momento de criação de vínculos. Rox se mudou para meu apartamento e logo começou a decorá-lo, tornando-o mais aconchegante, com velas, almofadas e fotos das crianças. Foi um prazer ter alguém ao meu lado para ajudar a tornar aquele espaço mais acolhedor.

Logo percebi que a limpeza não era exatamente o ponto forte de Rox, mas ela se esforçava bastante. Todos os dias, ao voltar do trabalho, eu encontrava pilhas de produtos de limpeza espalhadas pelo apartamento. O produto usado na cozinha estava nas torneiras e nos espelhos. Agora, ao refletir sobre isso, consigo notar o quanto ela se esforçava para disfarçar suas dificuldades, tentando não me mostrar o quanto essa tarefa era desafiadora para ela.

Em uma ocasião específica, porém, a máscara dela caiu de forma drástica.

Olhei para meu celular e vi três chamadas perdidas seguidas de Rox.

Meu coração disparou. Algo estava errado.

Uma quarta ligação chegou, e eu a atendi no viva-voz.

— O que está acontecendo, querida?

— Inundei a cozinha! Não sei o que fazer. Não consigo conter a água!

— Ok... Respire fundo. O que aconteceu?

— Eu enchi a máquina de lavar louça, mas não havia pastilhas, então, coloquei detergente líquido, e agora está tudo espumando na máquina!

— Você vê o botão grande e vermelho à direita? — perguntei. — Aperte-o para desligar a máquina. Chegarei em casa em vinte minutos.

Cheguei em casa e a encontrei em estado de choque, sentada no chão da cozinha, olhando para o monte de espuma à sua frente.

— Sou tão inútil... Arruinei tudo. Desculpe.

Foi a primeira vez que enfrentamos um episódio de TDAH em grande escala desde que começamos a namorar. Ver minha cozinha naquele estado, considerando que gosto de manter minha casa bem arrumada, foi um terror. Frustrante. No entanto, vê-la sentada no chão, completamente perdida, deixou claro que ela não havia feito aquilo de propósito. Ela estava realmente angustiada, e era muito mais importante ajudá-la a se recompor do que limpar a espuma espalhada pelo chão.

Depois de um carinho, algumas palavras gentis e algumas piadas, ela conseguiu se acalmar e começou a rir da situação.

— Não entendo por que você não gritou comigo — ela disse. — Ou por que não terminou comigo.

Entenda por que a mente de Rox entrou nesse limbo... A maioria das pessoas com TDAH carrega, ao longo da vida, uma culpa por erros que não são de sua responsabilidade. Elas se empenham ao máximo em uma tarefa específica, cometem um pequeno deslize e, em consequência, são punidas. As formas de punição podem variar e envolver agressões físicas, gritos, ridicularizações, zombarias, humilhações ou o silêncio como forma de desprezo. Essa rejeição lhes faz acreditar no seguinte conceito errôneo:

Quando cometo um erro, deixo de merecer amor.

Anos cometendo esses erros e sofrendo punições resultam em uma profunda sensação de fracasso pessoal e na percepção de ser "inútil". Essa experiência gera na pessoa a impressão de que ela não consegue viver como os outros adultos e a faz se sentir sobrecarregada até mesmo quando efetua tarefas muito simples. Essa sensação constante de ficar para trás e de fragilização leva a uma forma de vida extremamente difícil.

O chão pode ser esfregado em cerca de dez minutos. Reconstruir a autoestima depois de anos, muitas vezes, décadas de maus-tratos... Isso leva bem mais tempo.

Quero deixar algo bem claro: não estou afirmando que inundar uma cozinha, provocar um incêndio no micro-ondas ou perder as chaves vinte vezes são situações aceitáveis. Essas experiências são estressantes, e devemos nos esforçar para evitá-las. O que pretendo mostrar é que, quando uma pessoa com TDAH comete um erro sem querer, não devemos fazer julgamentos ou desprezá-la. Esses erros não são intencionais. Na verdade, a pessoa está se esforçando ao máximo para alcançar a perfeição.

Adotamos a mentalidade da Lei de Murphy em nossa casa. É assim que funciona:

→ Tudo o que pode dar errado dará.
→ Peça ajuda se não souber o que fazer.
→ Planeje cuidadosamente.
→ Evite fazer suposições.

→ Verifique as coisas duas vezes — ou três vezes, se puder.

→ Tenha um plano de reserva.

Vejamos alguns exemplos de como usamos isso em casa.

A) A Lei de Murphy determina que Rox perderá suas chaves. O planejamento:

→ Eu tenho chaves de reserva comigo e na casa dos vizinhos.

→ Retiramos a chave eletrônica do chaveiro dela, por ser mais cara e mais difícil de substituir.

→ Já temos uma cópia de reserva pronta para que ela possa voltar a usar o mais rápido possível.

B) Rox tem mais chances do que os outros de causar um incêndio em casa. O planejamento:

→ Verificamos as velas sempre que saímos de casa.

→ Pedimos a Rox que verifique três vezes os rótulos antes de colocar qualquer coisa no micro-ondas.

→ Se Rox acha que deixou a prancha de cabelo ligada, nós voltamos para verificar.

A mentalidade da Lei de Murphy reconhece que algumas situações são passíveis de ocorrer, o que afasta a pressão de buscar a perfeição. Isso permite que as dificuldades de Rox sejam justificadas de maneira completamente isenta de vergonha. Embora Rox ainda se considere incapaz de lembrar das chaves, das roupas na secadora e de manter suas finanças em ordem, há uma diferença significativa entre pensar "não consigo me lembrar de lavar a roupa suja" e acreditar que "sou uma pessoa inútil".

A primeira afirmação se baseia na ação. Está localizada fora do eu. Está isolada. Faz sentido.

A segunda se baseia na identidade. Afeta a autoestima e a autoconfiança em geral.

Não sirvo para tocar violão, decorar ambientes e redigir textos, como se vê. Mas não sou inútil. Procure a diferença em sua vida e não adote a inutilidade como parte da sua identidade.

COMO AJUDAR UMA PESSOA COM TDAH QUE ACREDITA SER INÚTIL

As dificuldades que uma pessoa enfrenta podem facilmente transformar sua identidade. A experiência de lidar com fracassos e críticas constantes, somada à sensação de estar aquém dos colegas e à dificuldade de realizar tarefas simples do cotidiano, pode gerar um estado contínuo de sobrecarga em relação às exigências da vida. Sem o apoio necessário, a pessoa pode se sentir completamente indigna e desvalorizada.

A pessoa com TDAH pode reconhecer que suas dificuldades estão relacionadas à sua condição, mas, ainda assim, enfrentar uma luta constante para superá-las. Ela se torna especialista em se autocriticar. Permitir que suas dificuldades sejam aceitas e apoiadas pode ser um divisor de águas. Com aceitação e apoio, não é preciso se esforçar demais, fazer promessas que provavelmente não serão cumpridas ou se preparar para fracassos constantes. Erros ainda vão acontecer — as roupas vão desaparecer e as chaves serão perdidas. Isso não é o fim do mundo. Quando pessoas neurodivergentes estão em um ambiente em que não se espera que funcionem como pessoas neurotípicas, elas podem se libertar do peso e descobrir novas maneiras de agir que podem ser realmente incríveis.

Vejamos algumas maneiras de ajudar a pessoa com TDAH a deixar de se sentir inútil...

1. **CUIDADO COM A SEGUNDA FLECHA** — Erros acontecem... aquelas incômodas primeiras flechas. É natural sentir frustração e aborrecimento quando somos atingidos por elas. Você pode ajudar a pessoa com TDAH a identificar a segunda flecha: os comentários negativos que

ela faz sobre si mesma e o vilão interno que a critica. É preciso eliminar essa voz negativa. Ajudá-la a perceber com que frequência ela se trata de forma cruel e incentivar uma reação diferente pode fazê-la interromper a corrente incessante de negatividade que a acompanha.

2. **COMPARTILHE SUAS PRÓPRIAS DIFICULDADES** — A pessoa com TDAH pode não ter as mesmas habilidades de um neurotípico, mas, com certeza, tem talentos excepcionais em outras áreas. Por exemplo, Rox toca violão, e eu não toco. No entanto, não me sinto envergonhado por não ter habilidades musicais; é simplesmente assim, e tudo bem. Eu tenho outros talentos que merecem reconhecimento. As habilidades da pessoa devem ser valorizadas, e as dificuldades precisam ser aceitas. Compartilhar as próprias dificuldades, sobretudo em relação a atividades nas quais a pessoa se destaca, serve como exemplo de que é humano não ser excelente em tudo. Isso também mostra que a autoestima não precisa estar atrelada a uma habilidade específica.

3. **ESTEJA CIENTE DOS ATRASOS NO DESENVOLVIMENTO** — As pessoas neurodivergentes se desenvolvem em um ritmo mais lento do que os neurotípicos; muitas vezes, não alcançam a maturidade antes dos 35 ou 40 anos, enquanto os neurotípicos, em geral, atingem esse estágio aos 25 anos. Se a pessoa com TDAH estiver se sentindo atrasada, talvez esteja simplesmente em um cronograma de desenvolvimento diferente.

4. **ACEITE O FATO DE QUE A PESSOA É DIFERENTE** — Pessoas com TDAH quase sempre têm em mente a imagem de um adulto idealizado — alguém organizado, habilidoso em administração e finanças, que cuida da forma física, tem uma alimentação saudável e é extremamente zeloso com a aparência. Essa visão perfeccionista é utilizada como um meio de autopunição. Muitas vezes, esse adulto perfeito incorpora as qualidades de um dos pais ou de ambos, sobretudo se eles tinham ou têm habilidades que a pessoa não tem. Pode ser extremamente útil questionar a pessoa com TDAH a respeito das habilidades

que seus pais tinham, especialmente em aspectos como empatia, generosidade, bondade, maturidade emocional e criatividade. Uma reflexão pode levá-la a perceber que o adulto "ideal" que construiu em sua mente não é tão perfeito assim. Há diferentes maneiras de se tornar adulto, e a abordagem do TDAH é tão válida quanto qualquer outra.

DISSIPANDO O MITO

Se a pessoa disser

~~Eu sou inútil.~~

Tente dizer isto:

Seus sintomas de TDAH não são uma falha pessoal.

Você merece apoio, não julgamento.

MITO RELACIONADO AO TDAH #8: EU SOU UM FARDO

Escrito por Rox

— Mamãe... Eu deixei meu ursinho de pelúcia no parque.

Minha voz começou a tremer enquanto o medo tomava conta do corpo da pequena Rox, de apenas 6 anos. As lágrimas começaram a rolar. Tristeza. Desespero. A Betty, o brinquedo de pelúcia que me acompanhava desde o nascimento, estava agora perdida em algum lugar de um parque em Southampton.

A irritação silenciosa do meu pai era evidente. Ele revirou os olhos, balançou a cabeça e, em seguida, decidiu dirigir durante quinze minutos de volta ao parque para buscar a Betty.

— Não é muito fofo o papai voltar para pegar seu ursinho? — disse minha mãe enquanto me abraçava.

Hoje, eu me pergunto se ela estava tentando convencer a mim ou a si mesma do amor do meu pai. Naquela época, eu não sabia que o casamento dos dois estava desgastado. Às vezes, me pergunto por que eles permaneceram juntos por tanto tempo. Talvez porque minha mãe sempre tenha preferido enxergar o melhor no meu pai, mantendo a esperança de que ele mudaria. Que o amor prevaleceria no final.

Com 6 anos, sem entender nada disso, minha mente absorveu uma mensagem simples: alguém que balança a cabeça, fala em tom baixo e está chateado com você, mas ainda assim decide ajudar, é considerado muito fofo. Isso é o que chamam de bondade. E é o melhor tratamento que posso esperar de alguém.

E também aprendi o seguinte: eu *sou um fardo*. Minhas necessidades são um incômodo para os outros. Eles não são obrigados a me ajudar, mas, se decidirem fazer isso, de qualquer maneira que seja, devo ser imensamente grata.

— Muito obrigada, papai! — eu gritei de empolgação quando Betty foi devolvida às minhas mãos.

É curioso... Mesmo depois de tantos anos, se alguém revirar os olhos e bufar, isso ainda causa um grande impacto em mim. No início do meu relacionamento com Rich, ele acabou descobrindo isso da pior maneira! Eu estava me esforçando ao máximo para manter minha *prateleira de roupas reutilizáveis* organizada. É uma prateleira em nosso quarto onde coloco roupas que ainda não precisam ser lavadas, mas que também não devem ser guardadas de novo no armário ou em uma cômoda. Acho que todo mundo tem algo assim em casa, né? Tivemos essa ideia para tentar manter o chão do quarto mais limpo, e, no geral, estava funcionando muito bem.

Numa noite, porém, cheguei tarde do trabalho e acabei me esquecendo de usar a prateleira. Em vez disso, deixei minhas roupas, incluindo meu sutiã e minhas peças íntimas, espalhadas no chão, ao lado da cama.

Na manhã seguinte, Rich estava juntando as roupas para lavar quando viu as peças no chão. Era algo que eu havia prometido não fazer mais.

Ele revirou os olhos e balançou negativamente a cabeça enquanto se abaixava para pegar as roupas.

Interpretei essas pequenas ações da seguinte maneira...

Sua estúpida idiota! Por que não consegue fazer as coisas direito? Já estou farto de você.

E lá estavam elas de novo. As lágrimas. Aos 37 anos de idade, um simples revirar de olhos me fez regredir à mente de uma criança indefesa. O comportamento e o tom de voz de Rich mudaram no mesmo instante.

— Bubby... O que foi?

— É a revirada de olhos. Sei que você não faz por mal, mas isso me machuca muito. Me sinto uma idiota. Desculpe por ter deixado as roupas no chão.

— Lágrimas cobriam meu rosto enquanto meu nariz também escorria, formando uma visão de beleza e graça...

— Desculpe. Fiquei um pouco chateado ao ver as roupas no chão, mas não é correto descontar isso em você. Vou me esforçar mesmo para não revirar mais os olhos.

Alguém pode gritar um "Aleluia!" para esse homem? Sério! Quem se comporta assim? Costumo ler comentários online de pessoas perguntando onde encontrar alguém como o Rich, e isso sempre me faz sorrir. Quando nos conhecemos, Rich estava em uma fase de dependência ativa, lidando com uma série de traumas não resolvidos, e ele não tinha as habilidades de comunicação incríveis que tem hoje. Ele precisou se esforçar, ficar sóbrio, fazer terapia e se dedicar dia após dia para se tornar o parceiro e pai maravilhoso que é hoje. Eu o encontrei onde todos se encontram: buscando o melhor para sobreviver, como só nós sabemos, em um mundo que, muitas vezes, é cruel. Foi nesse contexto que nossos caminhos se cruzaram.

Pesquisas indicam que uma pessoa com TDAH recebe, em média, 20 mil feedbacks negativos ou críticos antes dos 10 anos de idade, o que representa cerca de cinco críticas por dia. As reviradas de olhos, os "tsc, tsc!", a culpa e a frustração se acumulam. Crescemos em um ambiente hostil, sem o apoio e a compreensão necessários para prosperar. Dessa forma, desenvolvemos nossas próprias maneiras de lidar com a dura realidade de não gostarmos de nós mesmos e de sermos apenas tolerados pelas pessoas com quem mais desejamos estabelecer um vínculo afetivo.

Às vezes, me pergunto se a disforia sensível à rejeição (DSR), que discutimos no Capítulo 6, está de fato ligada à nossa infância, quando recebíamos críticas sem a possibilidade de nos defender ou explicar. Todos os golpes que precisávamos suportar, toda a rejeição e a raiva que absorvíamos apenas por não agirmos conforme as expectativas dos adultos. É possível que nossa sensibilidade à crítica agora seja uma resposta traumática a essas experiências. De qualquer maneira, como crianças incapazes de compreender o que estava acontecendo, nossa única alternativa era tentar nos proteger das críticas que mais nos feriam.

As crianças com TDAH são muito sensíveis, e essa é uma das belezas dessa condição. Essa sensibilidade se manifesta tanto no âmbito físico quanto no emocional. Podemos nos sentir incomodados com luzes brilhantes, ruídos altos e, até mesmo, com o som emitido por pessoas comendo batatas fritas no trem. Por outro lado, temos a capacidade de captar as emoções de um ambiente, interpretar a linguagem corporal e compreender o que uma pessoa está sentindo, mesmo que ela não esteja falando nada. Essa sensibilidade é tanto uma bênção quanto uma maldição. Sem ela, eu não poderia ser a parceira que sou para Rich, a madrasta que sou para meus filhos ou a compositora e autora que me tornei. Todas essas facetas dependem da minha profunda capacidade de sentir. No entanto, cresci em um lar que desvalorizava as emoções. Para minha família, os sentimentos eram vistos como inimigos, que nos traíam e nos tornavam fracos. E, talvez de maneira mais apropriada, posso dizer que emoções intensas significavam que os adultos precisavam confrontar aspectos de si mesmos que eles não estavam prontos para enfrentar.

Aprendi desde muito cedo a não *sentir* e a não ocupar muito espaço. Dissociação, mascaramento e uso de álcool tornaram-se estratégias comuns. Aos 14 anos, eu não chorava na frente de ninguém, nem mesmo no funeral de minha mãe eu chorei. Minha parte sensível foi tão maltratada e desvalorizada que aprendi a escondê-la. Eu zombava e ria das "pessoas sensíveis". Assimilei completamente a personalidade do meu pai.

Contudo, não há como escapar dos sentimentos; eles estão sempre presentes. Quando não são expressos de maneira saudável, acabam emergindo nos momentos mais inadequados. No meu caso, isso acontecia quando eu estava extremamente bêbada. Não consigo contar quantas vezes, na presença do meu pai e da minha madrasta, eu comecei a gritar e chorar, trazendo à tona lembranças do passado que, para mim, ainda eram dolorosas e traumáticas, enquanto, para eles, eram assuntos que preferiam não ouvir. Quando os sentimentos emergem misturados com oito latas de cidra e uma garrafa de *prosecco*, a expressão não acontece da maneira certa. Infelizmente, isso só resulta em mais vergonha.

Durante muitos anos, vivi completamente reprimida, exceto por alguns colapsos emocionais ocasionais, quando estava bêbada. Eu era a personificação da "menina problemática". Todos ao meu redor se sentiam à vontade para me ofender, e havia sempre alguém para me culpar pela disfunção da família. Se ocorria um problema, com certeza eu era vista como a causa. O conceito de bode expiatório, que aprendi nos últimos anos, descreve uma experiência profundamente dolorosa. É uma forma de abuso silencioso, na qual uma criança ou um adulto em um sistema familiar disfuncional são apontados como responsáveis por todos os problemas. Será que isso acontece com mais frequência com crianças com TDAH do que com as neurotípicas? O papel do bode expiatório em uma família é absorver todas as emoções não processadas dos adultos. Se puderem rotular essa pessoa como inútil, neurótica ou problemática, nunca precisarão olhar para si mesmos. Assim, na minha família, fui usada como um escudo contra a vergonha que meu pai e minha madrasta se recusavam a enfrentar.

As coisas mudaram significativamente agora. Três anos de psicoterapia intensa me ajudaram a compreender a dinâmica da família em que cresci e o motivo pelo qual os adultos me viam como um problema, e eu aprendi a me desvincular dessas narrativas destrutivas. Também aprendi a chorar. Pode parecer ridículo, mas essa foi minha experiência. Eu me lembro da primeira vez em que me deixei levar pela emoção durante a terapia. Sentia um nó na garganta, como se estivesse engolindo cacos de vidro, enquanto meu corpo lutava contra esse sentimento.

— Aceite o que está sentindo — disse meu terapeuta de uma forma tranquila.

— Não consigo! — eu disse, e então comecei a chorar.

Agora, eu choro com frequência — três ou quatro vezes por semana. Essa frequência aumenta ainda mais durante o período pré-menstrual. Choro quando estou feliz, choro aleatoriamente por causa do amor que sinto por meus enteados e choro de saudade da minha mãe. Choro quando perco minha carteira, choro por não ter contato com meu pai e choro ao receber um e-mail que considero um tanto maldoso. Já derramei lágrimas várias vezes enquanto escrevia este livro. Acabei de descobrir que haverá uma versão em áudio em que eu lerei em voz alta e, provavelmente, eu vou chorar de novo. Bem, parece que as emoções são saudáveis, afinal...

Rich está nessa jornada ao meu lado e, sem ele, eu não conseguiria me manter tão aberta e conectada à minha sensibilidade. Ele tem me incentivado a chorar, sempre me acolhendo com um *abraço de regulação* e uma massagem nas costas, além de sempre ter algumas palavras gentis para me oferecer. No entanto, quando comecei minha jornada de aprender a chorar, aos 36 anos, eu ainda sentia uma grande vergonha.

Minha garganta quase se fechava, lutando para conter a emoção. Eu me sentia diminuída, vulnerável e assustada. Acabava pedindo desculpas.

Uma forma clara de perceber que nossa sensibilidade foi ferida se manifesta quando nos desculpamos por nossas lágrimas. Não há razão para pedir desculpas por chorar, pois essa é uma belíssima expressão — natural e humana — de sentimentos profundos, uma libertação saudável. Na verdade, estou dizendo isso tanto para mim quanto para você, pois, quando as lágrimas cessam, sempre vem à tona aquela pontada familiar de me sentir um fardo.

O problema é que não é apenas o choro que me faz sentir assim. Há também os erros incessantes e repetitivos que cometo todos os dias da minha vida...

→ Uma carteira esquecida em uma loja.

→ Um colapso consequente de um ambiente muito barulhento.

→ Pedir para que as legendas sejam ativadas.

→ Ter de voltar para casa para pegar meus fones de ouvido.

→ Não ter saldo no banco por causa de compras que foram feitas por impulso.

→ Uma reunião da qual me esqueci e para a qual estou correndo a fim de conseguir chegar.

→ Uma *prateleira de roupas reutilizáveis* que eu me esqueci de usar.

→ Roupas espalhadas pelo chão.

→ Louça suja acumulada na pia.

→ Armários cheios de equipamentos para hobbies que não utilizo mais.

→ Promessas não cumpridas.

→ Aniversários esquecidos.

Quando leio essa lista, fica difícil acreditar que eu não sou um fardo para o Rich. Quero dizer... devo ser, não é? Considerando todo o apoio emocional que ele precisa me dar e o trabalho não remunerado que executa em nossa casa, além das finanças e da administração que ele precisa gerenciar.

Eis uma definição do dicionário para o substantivo "fardo"...

Alguém ou algo que é muito difícil de aceitar e fazer ou com o qual é difícil lidar.

Eu sei que Rich me aceita. Ele ri ao reconhecer o quanto me conhece bem, sabe exatamente quando vou me esquecer de alguma coisa, chegar atrasada ou agir de maneira impulsiva e nos levar a algum lugar inusitado.

Ele também sabe exatamente como lidar comigo, me escrevendo pequenos lembretes gentis, me dando segurança emocional e apresentando expectativas mais realistas. Contudo, mesmo assim, por que é tão difícil, para mim, aceitar que não sou um fardo?

Acho que essa pode ter sido uma das minhas crenças mais antigas e prejudiciais, um padrão de pensamento que pratiquei obsessivamente. A crença de que sou intolerável, carente demais, excessivamente sensível, cheia de problemas, e de que preciso mudar para que as pessoas não me abandonem. Não consigo entender como ele ainda está ao meu lado, como consegue me suportar. Apesar de todas as evidências em contrário, temo que sua paciência e sua bondade possam se esgotar algum dia. Isso é muito triste, não?

A verdade é que, em um sistema familiar ou num relacionamento saudável, todos têm necessidades que devem ser expressas e apoiadas. Embora eu possa precisar de um abraço reconfortante depois de perder a carteira ou de ajuda para responder a uma mensagem de texto, Rich também precisa de meu auxílio para processar suas emoções, tomar decisões a respeito de como cuidar das crianças e enfrentar o próximo desafio criativo. Não se trata de um jogo de soma zero, em que a ajuda recebida é proporcional à ajuda dada. É, na verdade, um fluxo harmonioso, em que todos se apoiam mutuamente quando necessário.

DESTRUINDO O MITO DO "EU SOU UM FARDO"

Nós que temos TDAH precisamos de apoio, além de tempo e cuidados especiais. Nossas necessidades são diferentes das necessidades dos neurotípicos. No entanto, ter necessidades e conviver com uma condição diferente não nos torna um fardo. A sensação de ser um fardo se desenvolve quando, desde cedo, nosso comportamento é interpretado como inconveniente. Absorvemos os olhares de reprovação, as advertências para "prestar atenção" e os julgamentos alheios.

Carregamos uma identidade moldada pela ideia de que somos exagerados e excessivamente carentes, como se precisássemos administrar nossos sintomas sem incomodar os outros com nossos pequenos dramáticos problemas. Este é um dos piores mitos relacionados ao TDAH (o de que somos um fardo), pois faz com que nos sintamos isolados e desencorajados de pedir ajuda, além de nos deixar sem saber que rumo tomar.

Que tal darmos um chute no traseiro da "fardonite"? Vamos?

1. **BUSQUEMOS A CAUSA** — Quando foi a primeira vez que você se sentiu um fardo? Consegue se lembrar desse momento? Percebe como foi tratado de maneira rude ou injusta? Consegue vislumbrar como você agiria de forma diferente se estivesse no lugar de um de seus pais? Compreender onde essa crença se originou pode nos ajudar a ter uma nova perspectiva e a começar a desafiá-la, deixando de tratá-la como se fosse uma verdade absoluta. Agora sabemos que nossos pais ou tutores não compreendiam que tínhamos TDAH e que, em vez disso, eles interpretavam nosso comportamento como se fosse algo intencional. Muitas vezes, a única resposta dos pais era gritar, nos humilhar e nos punir.

Carregaremos essas feridas até que tenhamos coragem suficiente para enfrentá-las e curá-las.

2. **TER NECESSIDADES É HUMANO** — Quem tem TDAH precisa de mais apoio em diversas áreas — regulação emocional, organização, administração, redução da ansiedade, planejamento financeiro, entre outras. Muitas vezes, enfrentamos dificuldades em consequência da disfunção executiva, e isso é completamente aceitável. Podemos ter necessidades e, ao mesmo tempo, ser plenamente amados, sem ressentimentos. Relacionamentos saudáveis são vias de mão dupla, em que se oferece apoio com livre-arbítrio e amor, sobretudo quando as pessoas mais necessitam. Lembre-se de que também damos muito apoio a quem amamos!

3. **NÃO DEVEMOS PERMANECER ONDE SOMOS APENAS TOLERADOS** — É fácil aceitar maus-tratos quando somos dominados pela crença negativa de que somos um fardo. Isso nos leva a permitir que pais, chefes ou parceiros repitam as palavras e ações negativas com as quais crescemos, fazendo caretas, reclamando e, em geral, reafirmando que somos um fardo e que estão nos fazendo um favor ao nos tolerar. Precisamos nos proteger dessas pessoas e não permanecer em ambientes onde constantemente nos sentimos diminuídos ou humilhados. No entanto, vale ressaltar que as pessoas podem mudar, se realmente quiserem. O fato de alguém ter nos julgado no passado não significa que essa pessoa não possa aprender e evoluir. A escolha de mudar cabe a cada um; não podemos forçar as pessoas a isso.

4. **LUTEMOS PELO AMOR INCONDICIONAL** — O amor é infinito, não tem prazos nem condições. Não diga "Nossa... Você é muito carente!". O amor verdadeiro reconhece que somos dignos e valiosos em todos os momentos, não apesar de nossas dificuldades, mas em virtude delas. O amor incondicional, seja de um pai ou uma mãe presente ou de um parceiro de longa data, pode ser uma das experiências mais bonitas da nossa vida. No entanto, o amor que importa de fato é o que oferecemos a nós mesmos. Cultivar um amor profundo por nós mesmos é

a escolha mais significativa que podemos fazer. Não devemos nos ver como excessivos, carentes ou como um fardo. A forma como nós nos tratamos serve de modelo para que os outros nos tratem com igualdade. Vamos garantir que esse modelo seja sempre positivo.

DISSIPANDO O MITO

Em vez de dizer

~~Eu sou um fardo.~~

Tente dizer isto:

Eu sou uma pessoa valiosa, não importa quais necessidades eu tenha. Eu mereço ser tratado(a) com gentileza e consideração em todos os meus relacionamentos.

"VOCÊ NÃO É UM FARDO"

Escrito por Rich

Depois de algumas semanas de namoro, Rox me enviou uma mensagem de texto:

Amor, preciso muito falar com você.

Meu cérebro logo entrou em pânico... *É isso! Ela vai terminar comigo.*

Eu sabia que era bom demais para ser verdade...

Combinamos um horário para nos encontrar, e eu percebi que ela estava muito nervosa e assustada. Sentado em um pub de Basingstoke, segurando meu copo de Coca diet gelada, preparei-me para o impacto.

— Sinto muito... — ela começou —, mas escondi algo muito importante de você. Preciso te contar. E vou entender se isso reduzir seu desejo de ficar comigo...

Meu coração estava disparado agora. Isso ia ser PÉSSIMO.Parte superior do formulário

Parte inferior do formulário

— Estou realmente com um crédito horrível — disse Rox, com os olhos arregalados e as mãos trêmulas. Em sua mente, ela achava que acabara de desferir um golpe fatal que encerraria nosso relacionamento. Fiquei ali sentado em silêncio, sentindo um alívio imenso por saber que a notícia que ela havia me passado não era um problema para mim... Crédito? Eu trabalhava no setor financeiro! Isso era superfácil de resolver. Mas ela continuou...

— Não quero ser o motivo pelo qual não conseguiremos comprar uma casa no futuro. Não quero impedir seu desenvolvimento. Eu nunca soube lidar com dinheiro, e tenho muita vergonha da situação em que estou agora.

Isso pode parecer radical, mas meus critérios de pesquisa, quando eu usava aplicativos de namoro, definitivamente não eram assim:

→ 30 a 40 anos de idade

→ bom senso de humor

→ *ter crédito e dinheiro no banco*

No entanto, para Rox, sua falta de dinheiro era um selo de desaprovação da vida. Um lembrete de todos os anos em que ela lutou para pagar contas e controlar seus gastos. Era como se a *Experian* [a empresa de pontuação de crédito do Reino Unido] a tivesse avaliado pessoalmente como "muito pobre", e não apenas por sua capacidade de conseguir pagar um empréstimo. Havia uma impotência na maneira como ela encarava o fato, como se aquele rótulo fosse ficar ali para sempre.

— Amor... — eu disse a ela. — Felizmente, você se apaixonou por um gerente de banco. Vamos registrar seu título de eleitor, pagar algumas contas e adicionar seu nome como usuária de serviços públicos, e tudo será resolvido em pouco tempo.

Tenho o prazer de informar que a classificação de crédito de Rox passou de muito ruim para excelente desde que estamos juntos. Estamos pensando em comprar nossa primeira casa juntos. Temos uma forma realmente aberta e flexível de lidar com dinheiro, além de algumas abordagens eficientes (que algumas pessoas podem considerar incomuns) para gerenciar nossas finanças. Nunca vi a situação financeira dela como um fardo; para mim, era apenas um problema relativamente fácil de resolver. Não era o fim do mundo.

Para Rox, entretanto, uma classificação de crédito ruim significava que ela era alguém que não merecia amor. Ela achava que isso arruinaria nossa vida juntos e que não havia como salvar a situação. Esse padrão de comportamento, em que ela encontra dificuldades e acredita que isso arruinará toda a sua vida, é algo que já presenciei muitas vezes. A crença de que haverá uma punição se ela cometer um erro relacionado ao TDAH está profundamente enraizada em sua essência.

Essa sensação de que ela só seria bem-vinda se não tivesse necessidades especiais ia muito além de suas dificuldades com o TDAH. Seria muito simples afirmar que Rox apenas se sentia um fardo quando perdia algo, quando precisava de uma carona rápida para a estação de trem ou quando se esquecia de uma data importante. Entretanto, esse sentimento permeava todas as áreas de sua vida.

Tendo crescido em um lar disfuncional com TDAH não diagnosticado, Rox assimilou que todos os problemas deveriam ser resolvidos apenas por ela. Ela achava que precisava se esforçar mais, concentrar-se mais, ser mais confiável, mais persistente e mais organizada. Todas as dificuldades que enfrentava eram vistas como resultado de suas falhas, nada mais. Muitas pessoas com TDAH crescem em ambientes semelhantes. Não surpreende que se considerem um fardo para aqueles que amam e que também as amam.

Portanto, namorar alguém com TDAH pode ser desafiador em alguns momentos. Será necessário ter conversas difíceis, fazer concessões e ter de aprender uma nova maneira de lidar com as situações. É fundamental identificar quais são nossos gatilhos e saber como controlá-los. Sem essa compreensão, corremos o risco de enviar à pessoa com TDAH a mesma mensagem que ela já ouviu diversas vezes: que seu valor é condicional e que está atrelado a mudanças em seu comportamento.

Sou apenas um ser humano e, como valorizo um ambiente organizado, sou pontual e nunca me esqueço de nada, viver com alguém que é completamente o oposto traz desafios. O que importa, de verdade, é o modo como enfrentamos esses desafios, pois isso é o que determina se o relacionamento será saudável ou não. Algumas semanas atrás, aconteceu um fato que é um exemplo de como se comete um erro grave.

— Querida, vamos sair em cinco minutos — eu disse a Rox.

Rox largou o celular, saiu da cama e entrou em ação.

— Sem problemas! — ela me disse enquanto acelerava.

Cinco minutos depois, Rox estava correndo pela cozinha em pânico, procurando a carteira.

— Eu juro que estava aqui... Desculpe!

Eu podia sentir o medo em sua voz, ver o pânico em seus movimentos.

— Vamos perder esse maldito trem! — Eu disse a ela, com a voz elevada, balançando a cabeça em sinal de desânimo. No momento em que as palavras saíram da minha boca, eu percebi que deveria ter reagido de forma diferente. Mas eu estava cansado, tinha dado a ela um aviso direto e estava preocupado com o atraso. Como eu disse, sou humano.

— Vou deixar a carteira aqui. Não preciso dela. — Rox começou a chorar, e seu rosto ficou todo vermelho. Eu sabia que ela estava tentando. Abafando a imensa reação emocional que estava tendo. No entanto, eu não podia consolá--la naquele momento. Eu estava enfrentando minha própria reação emocional, que era forte o suficiente, ao chegar atrasado. Entramos no carro em silêncio.

Respirando fundo algumas vezes, senti que eu estava pronto para tentar de novo.

— Você está bem, Bubby? — perguntei a ela, colocando minha mão em sua perna.

— Não... Não estou. Eu estou em pânico, confusa e me sentindo estúpida. Desculpe, mais uma vez, por não ter conseguido encontrar minha carteira. — Suas lágrimas escorriam livremente nesse momento. — E agora vou borrar a maquiagem!

— Desculpe por ter falado com você daquela maneira, querida. Não foi legal. Prometo que vou ajudá-la a encontrar sua carteira quando voltarmos. Estamos com meu cartão. Vai ficar tudo bem.

Ela sentiu um alívio instantâneo, que podia ser visto pela expressão em seu rosto. Só por saber que ela não tinha arruinado o dia... que nós mante-ríamos nossos planos, apesar de termos saído de casa de uma forma meio confusa. E, é claro, por eu ter reconhecido a forma ríspida que tinha usado para me dirigir a ela.

Ninguém vai acertar o tempo todo. Nem eu. Nem a Rox. Nem você. Nem seus pais. Nem seu cônjuge. Nem seus filhos. Aceitar que a pessoa com TDAH causará irritação, às vezes, é, na verdade, extremamente saudável. Não há nada de errado em sentir frustração. O que importa, de verdade, é a forma como lidamos com essa frustração.

O que não está certo é atacar a pessoa com TDAH e culpá-la pela raiva ou pela frustração que sentimos. Nos momentos em que agimos assim, é fundamental pedir desculpas. E essas desculpas devem ser sinceras. Segure a mão da pessoa, olhe-a nos olhos e diga: "Deixei a irritação tomar conta de mim. Desculpe. Você não merece ser tratada(o) desse jeito!".

Pessoas com TDAH têm necessidades complexas e variadas. A cada dia, uma nova dificuldade pode surgir. E, todos os dias, temos a chance de mostrar a elas que são bem-vindas e que não são um incômodo e de garantir que estão seguras e são amadas. Tudo o que devemos fazer é isso, sempre.

COMO AJUDAR UMA PESSOA COM TDAH QUE ACREDITA SER UM FARDO

A pessoa com TDAH, provavelmente, acreditará que suas necessidades são excessivas. Ela pode sentir que não merece o apoio que recebe e que pedir ajuda a você é um ato egoísta. Muitas vezes, passou anos lutando sozinha, tentando se corrigir, fracassando diversas vezes e internalizando a sua vergonha como se fosse uma falha pessoal.

Estar ao lado dela para ajudá-la e lhe dar afeto em todos os seus momentos de dificuldades é uma das formas mais curativas que podemos adotar. Essa atitude pode reverter sua narrativa interna de que é indesejada e ajudá-la a fazer cair as máscaras. É necessário muito amor e paciência para criar um ambiente em que a pessoa com TDAH possa pedir ajuda sem sentir culpa nem vergonha. No entanto, os resultados valem muito a pena. Todo ser humano enfrenta dificuldades — medos, ansiedades, traumas de infância, preocupações com o trabalho, entre outras. Todos os parceiros em um relacionamento merecem amor, compreensão, apoio e incentivo.

Vejamos alguns passos interessantes que podemos seguir...

1. **NÃO IGNORE O PROBLEMA** — Fingir que tudo o que as pessoas com TDAH fazem está perfeitamente bom e que nada nos afeta não é

algo honesto num relacionamento. É essencial ter consciência de que alguns comportamentos nos impactam. Não é preciso culpar nem humilhar a pessoa, mas, sim, expressar nossa posição e assumir a responsabilidade por nossa reação emocional. A outra parte também enfrenta as dificuldades relacionadas ao TDAH. Não precisamos romantizar a realidade. É fundamental deixar claro que as dificuldades do outro são aceitas e que você está disposto(a) a trabalhar junto a ele(a) para superá-las, garantindo que todos sejam ouvidos com respeito e atenção.

2. **USE A CORREGULAÇÃO** — A pessoa com TDAH pode mascarar suas dificuldades. Devemos criar um ambiente seguro o suficiente para que ela permita que seu verdadeiro eu entre na equação. Isso é importante sobretudo em momentos de pânico, isolamento ou crise. Uma das coisas mais úteis que podemos fazer é perguntar com sinceridade se ela está bem, sem estresse nem interesses obtusos por trás da pergunta, e oferecer um abraço. Um abraço é uma ferramenta incrível de corregulação, que ajuda o corpo de uma pessoa angustiada a se acalmar das emoções extremas que ela pode estar sentindo. Isso também demonstra que não temos medo de suas emoções. Se um abraço for muito intenso, outra opção é simplesmente dizer à pessoa que você está ali e que a ama.

3. **APRENDA A AUTORREGULAÇÃO** — Temos nossas próprias reações em relação a nosso parceiro ou a nossa parceira. Às vezes, sentimos raiva, frustração e até ausência de amor. É muito importante expressar esses sentimentos. As necessidades de todas as pessoas são igualmente importantes, independentemente do tipo de relacionamento. O truque é aprender a comunicar os próprios sentimentos, em vez de afirmar que a pessoa com TDAH "fez você" se sentir assim. O uso de afirmações que envolvem a palavra "eu" pode ser muito útil nesse caso. Por exemplo, compare a expressão "Você bagunçou todo o quarto! Ai, que raiva!" com "Eu estou um pouco chateado(a) com a bagunça. Podemos conversar sobre um modo de resolver isso?". Essa abordagem convida a

resolver o problema junto com a outra pessoa, em vez de apenas causar vergonha e humilhação.

4. **TENHA PACIÊNCIA** — Depois de uma vida inteira se sentindo defeituosa(o), acreditando que é a raiz de todos os problemas e que merece passar por dificuldades, o afeto verdadeiro e o amor são percebidos de maneira bem diferente. E leva um tempo para que a pessoa aceite isso. Estamos aqui para viver uma longa vida. Quanto mais nos expressarmos de maneiras amorosas e solidárias, mais as pessoas se abrirão, confiarão em nós, com suas vulnerabilidades e dificuldades internas, e mais felicidade, alegria e intimidade serão cultivadas em nossa casa.

DISSIPANDO O MITO

Se a pessoa disser

~~Eu sou um fardo.~~

Tente dizer isto:

Você é muito amada(o), mesmo quando tem dificuldades.

Você não está sozinha(o) em suas lutas.

MITO RELACIONADO AO TDAH #9: EU SOU UM FRACASSO

Escrito por Rox

Minha mãe faleceu logo depois do meu aniversário de 22 anos, após uma luta de três anos contra um câncer. Depois que ela morreu, voltei para casa e tentei me recuperar. Algumas semanas se passaram em uma mistura de sono, tristeza e choque, até que, por acaso, ouvi uma das conversas do meu pai por telefone.

Ele estava dizendo a alguém que eu estava em casa e que visitá-lo seria inconveniente.

Suas palavras me feriram profundamente. Sempre desejei o amor do meu pai. Ele foi meu herói na infância. No entanto, por muitos anos, também senti que eu era um incômodo para ele. Meu primeiro impulso foi fugir.

Então, implorei e pedi ajuda até conseguir um quarto com um amigo em Londres e me candidatei a um emprego na cidade. Tinha abandonado o curso de contabilidade alguns meses antes — felizmente. Acredite: ninguém quer que eu cuide de impostos.

Eu sabia que não conseguiria outro emprego de bom nível, pois havia deixado o anterior depois de apenas três meses. Por isso, me candidatei a uma vaga de assistente em um banco de investimentos. O salário era suficiente para cobrir o aluguel do meu quarto e, em comparação com o longo processo de seis meses pelo qual passei para conseguir o "emprego da faculdade" que eu tinha acabado de abandonar, essa oportunidade parecia relativamente fácil de conquistar.

O trabalho começava às 6h da manhã. Sinceramente, não sei como consegui manter isso por tanto tempo. Eu estava sofrendo muito, com pensamentos suicidas. E, mesmo assim, de alguma forma, conseguia manter uma rotina melhor do que consigo hoje. Foi o ápice do mascaramento; eu escondia meus sintomas de TDAH, minha tristeza e minha solidão.

Durante meu primeiro ano nesse trabalho, compus uma música chamada "LATE" no meu violão. O título foi uma homenagem à minha mãe, Linda Angela Theresa Emery (a ironia de minha primeira música tratar de pontualidade não passou despercebida por mim!). Foi a única maneira que encontrei de liberar minha dor. Eu não tinha o apoio de uma família presente, nem sabia como usar palavras para expressar o que sentia por dentro. A música se tornou o único meio pelo qual eu conseguia dar voz à profundidade das minhas emoções.

— Meu Deus, Rox! Isso é muito bom! Você precisa ir a um bar que tenha um microfone aberto para novos talentos.

Eu me virei e vi Sarah, minha colega de apartamento, linda, articulada e com um talento para negócios, parada na porta. Ela estava me ouvindo.

— Ah, não... Eu não conseguiria fazer isso.

— Rox, você vai, sim. Eu não vou aceitar um "não" como resposta.

Algo na confiança dela me fez perceber que seria mais fácil, para mim, concordar do que recusar. Na quarta-feira seguinte, lá estava eu, me preparando para tocar no pub local, The Phoenix, com as três músicas que havia escrito. Tomei algumas canecas de cidra para aliviar o nervosismo e me levantei da cadeira para tocar. Meus colegas do apartamento e do trabalho estavam presentes, torcendo por mim, e eu notei seus olhares cheios de orgulho.

Sentada, inclinada sobre o violão, evitei qualquer interação com a pequena plateia de nove pessoas. Minhas mãos e minha voz tremiam, apesar da bebida. No entanto, algo se acendeu dentro de mim. Havia uma sensação de plenitude em cantar as músicas que eu mesma havia escrito.

Nas semanas seguintes, eu me inscrevi para tocar em outros locais, em bares que também tinham microfones abertos. Algo surpreendente aconteceu: fui abordada por um empresário artístico. Isso resultou em uma reunião com um mecenas e, alguns meses depois, eu já tinha um contrato com uma gravadora.

Aqueles anos foram um turbilhão...

O lançamento do meu primeiro single.
A entrada nas paradas do iTunes.
A gravação do meu primeiro álbum.
A venda de ingressos para o meu primeiro show.
A turnê pelo Reino Unido como banda de apoio dos vencedores
do X Factor.
Os ingressos esgotados para mais um show.

Eu estava trilhando um caminho rumo ao sucesso, impulsionada por uma energia que parecia invisível. As portas se abriam e tudo parecia estar se encaixando. Então, semanas antes do lançamento do meu primeiro álbum, a gravadora faliu. Tudo desmoronou da noite para o dia.

Fiz o possível para manter as coisas funcionando, mesmo sem um selo, usando o dinheiro que minha mãe havia deixado para mim. Gastei milhares de libras, mas nada parecia funcionar. Sem o apoio de uma gravadora, eu não tinha ideia do que estava fazendo, apenas desperdiçava dinheiro em várias direções, tentando ser o centro empresarial do meu próprio negócio. Eu senti que estava afundando. Naquela época, eu ainda era muito jovem, tinha apenas 20 e poucos anos, e ainda lidava com a tristeza profunda causada pela perda da minha mãe. Ver aquele projeto desmoronando fez algo se partir dentro de mim. A música havia se tornado meu motivo de viver. Levantar-me e cantar canções sobre a perda dela era a única forma de eu me sentir bem, de me conectar com ela e de dar à minha vida algum propósito. Perder aquilo significava perder uma parte essencial de mim.

Eu não tinha para onde ir e não tinha nada a fazer. Eu havia fracassado de forma espetacular... ou achava que havia fracassado.

É isso aí. Vou abandonar a música. Jamais voltarei a fazer isso.

Fiz um pacto comigo mesma: a minha carreira de música havia chegado ao fim. Eu havia aprendido a lição e não permitiria mais que um sonho me levasse à destruição. Decidi que nunca mais me permitiria sonhar de novo.

O que se seguiu foi uma década marcada pelo vício em drogas, álcool e sexo. Talvez essa narrativa mereça ser explorada em outro livro, mas vou tentar resumi-la aqui.

→ autoflagelação em segredo
→ ficar embriagada quase todas as noites
→ dependência de cocaína
→ muitas festas
→ traições a parceiros
→ acúmulo de dívidas
→ vida na miséria
→ mudanças frequentes de casa

Em 2018, depois de uma bebedeira de três noites em Ibiza, eu decidi me inscrever em um grupo de recuperação.

Sem álcool nem sexo para me distrair, os sentimentos dos quais eu havia fugido por toda a minha vida começaram a emergir. Na verdade, foi mais como uma *erupção*. No início de 2020, tive um colapso mental. Sofri com delírios paranoicos, sentindo profundamente que as pessoas me odiavam, que estavam à minha procura e que eu não estava segura. Fiquei hipervigilante. Eu percebia cada pequeno detalhe ao meu redor. Uma rápida busca no Google me convenceu de que eu poderia ter transtorno de personalidade limítrofe (TPL).* Encontrei uma terapeuta na internet, agendei uma consulta e paguei com meu cartão de crédito.

— Pesquisei meus sintomas, e acho que tenho transtorno de personalidade limítrofe — eu disse a ela. — Gostaria de saber como posso lidar com isso. Não quero me aprofundar em questões familiares... Já fiz as pazes com o passado. Mas preciso me livrar dessa paranoia e dessa raiva.

---

* Também conhecido como borderline, o TPL é um transtorno caracterizado por instabilidade emocional, comportamentos impulsivos e autodestrutivos e elevada sensibilidade à rejeição, entre outros fatores. (N.E.)

Iniciamos um trabalho interno bem profundo. Usamos meus gatilhos na época para tentar entender o que poderia estar acontecendo. Exploramos padrões de comportamento e crenças enraizadas. Descobrimos traumas e abusos que remontavam à minha infância. Em alguns dias, eu saía da sessão sentindo que havia falado apenas besteiras durante uma hora. Em outros, sentia que havia feito alguma descoberta significativa. Em algumas ocasiões, saía decidida a não voltar mais, pois minha terapeuta havia tocado em algo extremamente doloroso. No entanto, continuei a ir.

Uma das práticas mais estranhas, mas extremamente útil, que comecei a incorporar foi um exercício de respiração. Minha terapeuta me explicou a ciência por trás disso:

— Seu corpo costuma estar em modo de luta ou fuga. Ele não sabe como se acalmar. Podemos usar o exercício de respiração para treinar o corpo com o objetivo de fazê-lo se sentir normal em um estado de tranquilidade.

Essa foi a primeira etapa da minha jornada de recuperação de traumas e algo que realmente transformou a maneira como eu me sentia em meu corpo. Eu não sabia que nossas mãos não precisavam tremer o tempo todo. Também não tinha ideia de que não precisava estar constantemente preparada para lutar ou fugir.

Para quem estiver interessado em experimentar esse exercício, nós o incluímos em nosso aplicativo de *body doubling*, o "*dubbii*". O aplicativo pode ser baixado gratuitamente, e os exercícios de respiração podem ser feitos a qualquer momento. É importante deixar claro que isso não substitui a psicoterapia, que, infelizmente, nem sempre está disponível para todos. No entanto, entre tudo o que aprendi e vivenciei, esse exercício simples foi o que teve o maior impacto em meu corpo.

Uma mudança começou a ocorrer dentro de mim. Não se tratava apenas de me sentir mais tranquila em meu corpo; eu sentia que estava bem-preparada para ter um relacionamento saudável e mais consciente de minhas emoções. Comecei a sonhar de novo, algo que eu havia prometido nunca mais fazer.

Então, senti o impulso de buscar o sucesso como artista e cantar minhas músicas novamente. Comecei a me questionar sobre o que poderia acontecer se eu tentasse mais uma vez, agora sóbria, em terapia e aproveitando as lições aprendidas com todos os "fracassos" do meu passado.

Nunca me senti pronta nem boa o suficiente, e a vergonha que eu sentia com o avanço da idade era avassaladora. Iniciar uma carreira artística aos 35 anos é algo bem raro na indústria musical. No entanto, eu tinha esperança, interesse e desejo suficientes para tentar de novo (e, como meu editor insiste em dizer, também tinha muito talento!).

Carregando minha vergonha, a síndrome do impostor e a crença de que era tarde demais, comecei a caminhar em direção ao local onde precisava estar: dentro do estúdio, gravando, fazendo música, em reuniões para encontrar quem quisesse lançá-la e no TikTok para testar meus textos. Não vou mentir: foi imensamente difícil. Eu estava nadando contra a correnteza daquilo que acreditava ser verdade. Não me sentia pronta nem digna, e a imensa vergonha aumentava à medida que eu percebia o olhar de desaprovação dos meus amigos e familiares ao me verem "dando outra chance à música". Mesmo assim, segui em frente.

No momento em que escrevo este texto, aos 39 anos (o equivalente a 109 anos na indústria musical!), os ingressos para a minha segunda turnê acabaram de se esgotar. Este ano, me apresentarei em festivais e terminarei o meu primeiro álbum, que provavelmente será lançado quando eu completar 40 anos. Não tinha como eu ter planejado isso, e eu nunca esperei ter essa oportunidade. Ainda me surpreendo ao ver que as coisas estão funcionando de uma maneira que realmente pensei que nunca estaria ao meu alcance. Espero que os mesmos presentes estejam à espera de vocês, leitores.

Ter TDAH significa ter um cérebro que pensa de forma extremamente ativa. Quando esse cérebro é privado de sua capacidade de ter esperança em um futuro melhor, de sonhar com uma vida melhor, nos sentimos sufocados, deprimidos e sem perspectiva.

Quantos de vocês, eu me pergunto, têm algum projeto que sempre quiseram desenvolver, uma paixão criativa da qual abriram mão ou um plano para o futuro que parecem inatingíveis? Fico imaginando como seria possível mudar completamente essa narrativa por acreditar que é tarde demais.

Anos e anos tentando nos consertar geram sentimentos de indiferença e incapacidade. Por isso, a aceitação e o apoio a quem sofre com o TDAH são fundamentais para ajudar a construir uma vida feliz e plena.

É hora de aceitar radicalmente o que não somos e abrir espaço para acolher o que realmente somos! Meu TDAH ainda representa um desafio em minha vida. Às vezes...

→ Eu me esqueço de postar músicas.

→ Acredito que as pessoas não gostam do meu trabalho.

→ Perco coisas no transporte público.

→ Mudo completamente de ideia.

→ Sou perfeccionista.

Mas nada disso importa. Essas dificuldades não me impedem de fazer o que eu quero fazer. Reconheço minhas limitações, e está tudo bem. Não preciso fazer tudo nem me livrar dos desafios. O que importa mesmo é me apresentar e fazer o melhor que puder para avançar em direção aos meus objetivos a cada dia.

Seja o que for que esteja no fundo da sua mente, pedindo para que você se arrisque, espero que você ouça essa voz. Espero que consiga acreditar que pode estar completamente enganado(a) em sua avaliação de si mesmo(a) e que pare de se considerar um fracasso. Espero que perceba que sua baixa autoestima é o resultado direto de viver com uma condição clínica sem o suporte adequado e que, em um ambiente diferente, é possível florescer de maneiras que você nunca imaginou!

Escritores, pintores, artesãos, solucionadores de problemas, empreendedores, professores e todos os outros seres incríveis que estão prontos para emergir, espero que vocês sigam em frente, de cabeça erguida, em direção aos seus sonhos.

DESTRUINDO O MITO DO "EU SOU UM FRACASSO"

Fingir que se encaixa em um mundo neurotípico quando se tem TDAH é um trabalho exaustivo. Não surpreende o fato de que muitos de nós tenham abandonado os próprios sonhos. Às vezes, é simplesmente porque não tínhamos tempo, energia nem confiança para segui-los!

Muitas vezes, passamos anos lutando para nos livrar de dívidas, manter relacionamentos, empregos e uma casa organizada. E, de repente, acordamos e percebemos que a vida inteira passou por nós. Agimos como se estivéssemos apenas passando por ela. Fingimos estar bem. Negamos nossas necessidades. Menosprezamos nossos talentos e focamos em nossas falhas. Permitimos que o mundo nos fizesse sentir indesejados. Mas que se dane isso tudo. Nunca é tarde demais para assumirmos ser quem realmente somos.

Vejamos, então, alguns primeiros passos para seguir esse caminho...

1. **DESAFIAR AS CRENÇAS NEGATIVAS** — É hora de abandonarmos a crença negativa que nos leva a afirmar internamente "Estou muito velho!", "É tarde demais!" ou "Eu não mereço isso...". Essa transformação não acontecerá de imediato, mas, com ações consistentes visando aos nossos sonhos, podemos eliminar esses pensamentos e começar a perceber que essas crenças não têm fundamento. Elas são apenas um reflexo de um ambiente do passado, muitas vezes mal-compreendido e carente de apoio. Vamos invocar outras crenças mais positivas... "E se eu conseguir?", "E se eu puder inspirar outras pessoas?" ou "E se minha experiência se tornar meu maior presente?".

2. ACEITAR QUE O FRACASSO É NECESSÁRIO — A única maneira de vencer é perder. Várias vezes, até aprendermos as lições. Dizem que é necessário passar por dez anos de tentativas e erros até nos tornarmos um sucesso, pois nada acontece da noite para o dia. Para quem tem TDAH, esse período pode se estender por vinte anos! Cada erro ao longo desse trajeto é, na verdade, uma parte essencial do caminho que devemos percorrer para adquirir experiência, desenvolver resiliência e aprimorar nossa arte. Não há vergonha no fracasso; há apenas força.

3. O PASSADO NÃO PODE DEFINIR NOSSO FUTURO — Lutar para manter a casa em ordem, não perder as chaves, lembrar de responder às mensagens dos amigos e permanecer em um emprego que nos deixa exaustos são coisas que nos fazem mal e fazem com que nos sintamos *diferentes*. Ao reconhecermos que esses comportamentos são sintomas do TDAH e que não podem ser *corrigidos*, independentemente de quantas vezes tentemos, ganhamos muita liberdade e mais tempo. Essa foi a razão pela qual não deu certo antes: estávamos nos afogando e nos sentindo sozinhos. Agora, essa realidade mudou. Compreendemos as causas de nossas dificuldades e, dessa vez, podemos fazer os ajustes necessários para ter uma experiência diferente.

4. AS AÇÕES SÃO MELHORES QUE AS PALAVRAS — Teremos dúvidas a respeito de nós mesmos. Sentiremos medo. Acharemos que não somos bons o suficiente. Talvez a gente queira desistir. E tudo bem! Não precisamos nos amar incondicionalmente para dar início a esse processo. Basta fazermos o que for necessário para começar. A cada passo que dermos, ganharemos confiança. Portanto, é fundamental dar o primeiro passo acreditando que as coisas se desenrolarão exatamente como devem se desenrolar. Quando nos dedicamos com afinco aos nossos talentos naturais, nossa vida se transforma. É importante lembrar que não podemos mudar nossa condição relativa ao TDAH; o transtorno está aqui para ficar. No entanto, podemos alterar nossa vida de maneira considerável e milagrosa.

DISSIPANDO O MITO

Em vez de dizer

~~Eu sou um fracasso.~~

Tente dizer isto:

O fracasso é uma etapa necessária do sucesso.

É o momento perfeito para eu planejar os meus sonhos.

"VOCÊ NÃO É UM FRACASSO"

Escrito por Rich

Estou em pé num show lotado em Glasgow. Observo, do fundo do palco, Rox se apresentando. O público canta todas as letras junto com ela. A banda está incrível, e ela está completamente à vontade, brilhando em seu ambiente.

Estamos no meio de sua primeira turnê esgotada pelo Reino Unido. Eu dirijo a van, um trabalho que levo muito a sério, além de ter sido encarregado de vender nossos produtos oficiais.

Estou vivendo uma fase incrível. Nunca tinha viajado dessa maneira ou estado "na estrada", como costumam dizer os músicos. No entanto, estou começando a entender por que a vida de um artista em turnê é tão romantizada, na maioria das vezes. Percorrer o país junto a um grupo unido de oito pessoas, enfrentando longas jornadas, hospedando-se em hotéis simples e fazendo shows com ingressos esgotados… O companheirismo é uma experiência fenomenal.

Rox, que se apresenta como RØRY, começa a cantar sua última música, "Uncomplicated", um sucesso pop punk que eleva o astral do público. Seiscentos fãs *emos* gritam a letra junto com ela. Essa é a canção que transformou a trajetória de Rox. Ela se tornou viral no TikTok em 2021 e tem ganhado cada vez mais destaque. Ali, observando-a, eu não consigo deixar de sentir o orgulho que sinto por ela. Acompanhei cada passo da sua trajetória artística, então, vê-la no palco, vivendo um sonho do qual tinha desistido havia muito tempo, é profundamente inspirador.

Contudo, até chegar a esse momento, foi uma jornada e tanto. Quando Rox e eu nos conhecemos, ela sentia vergonha de suas músicas. Em um de nossos primeiros encontros, estávamos saindo com alguns amigos dela e eles sugeriram que Rox tocasse uma de suas composições para mim.

— Meu Deus, não! Não esse lixo horrível! — ela brincou, mas havia uma seriedade profunda em seu tom de voz. Eu insisti algumas vezes, pedindo para que ela me mostrasse a música que estava escrevendo, mas ela se recusou a tocá-la. O simples pedido a deixava profundamente desconfortável.

Por fim, depois de alguns meses que estávamos juntos, ela tocou uma música para mim. Sentou-se com a cabeça baixa, seus olhos se moviam de um lado para o outro. O comportamento dela era como o de alguém prestes a dar uma notícia muito terrível, não de alguém que estava simplesmente compartilhando uma obra de arte. Eu realmente não conseguia entender.

— É incrível, querida! — eu disse a ela. — Você deveria lançar essa música.

— Não posso. Não é boa o suficiente. E isso seria tão constrangedor... Tenho 35 anos!

O mais interessante sobre Rox, nesse momento, é que, enquanto suas palavras indicavam que ela não queria lançar suas músicas, que as odiava e se sentia velha demais, suas ações diziam exatamente o contrário — revelavam que Rox tinha uma história a contar e que ela se sentia atraída pela música, que, para ela, era uma forma de expressar o que sentia.

— Qual é a pior coisa que pode acontecer?

— A música não fazer sucesso. Todos rirem de mim. Eu fracassar mais uma vez e fazer papel de boba.

— E qual é a melhor coisa que pode acontecer?

— Humm...

Rox passou horas, dias, meses, obcecada pela ideia de que era velha demais para fazer música. Convencida de que não era boa o suficiente. Que acabaria se expondo ao ridículo. Que as "pessoas" ririam dela. Olá, DSR! Ela nunca se permitiu considerar o oposto. A possibilidade de que as coisas poderiam dar certo! Anos e anos vivendo com TDAH não diagnosticado e, talvez mais importante, sem nenhum apoio minaram sua autoestima.

Quando se olhava no espelho, ela só via uma pessoa com defeitos.

Fico imaginando quantos sonhos de outras pessoas foram destruídos dessa mesma maneira. Quantas pessoas com TDAH, com grandes talentos e paixões, desistiram porque achavam que não mereciam, que não eram boas o suficiente ou porque acreditavam em qualquer outra mentira que absorveram ao longo de uma vida repleta de *erros*.

— Vou te ajudar — eu disse a ela. — Podemos fazer isso juntos. Você vai conseguir.

Os primeiros meses depois de Rox ter decidido lançar suas músicas foram estressantes em nossa casa. Um dia, fazíamos sessões rápidas de fotos; no outro, fazíamos mixagens no carro; e Rox começou a chorar com frequência. Quanto mais ela se comprometia, mais o medo se tornava real: ela estava realmente fazendo aquilo. Abrindo-se para a possibilidade de fracasso e rejeição mais uma vez. A sensibilidade de quem tem TDAH tornava essa experiência ainda mais dolorosa. Enquanto eu não me importava nem um pouco com o que as pessoas pensavam de mim, e isso é incrivelmente libertador, Rox estava lidando com uma paralisante certeza de que cairia de cara no chão e que todos ririam dela.

Mas ela não desistiu. Tomou a surpreendente decisão (ou assim me pareceu na época) de entrar no TikTok. Ela sentia tanta vergonha de si mesma que se registrou como @punkrockgirl, com o objetivo de criar pequenos esquetes de piadas sobre a vida de um músico. Era uma forma perfeita de testar o terreno, mas disfarçada de comédia. Assim, se não desse certo, a dor seria menor. Sua confiança foi aumentando à medida que ela se afastava dos olhares de amigos e familiares e da figura imaginária que julgava todos os seus movimentos. Estimulada, ela começou a postar pequenos clipes dela cantando. Logo despontou seu primeiro vídeo viral, "Psychological War" [Guerra psicológica], uma música sobre o abuso que sofreu por parte de uma pessoa da família.

Depois de um tempo, ela mudou o nome de sua conta para @its_r_o_r_y e começou a compartilhar suas músicas. Um clipe por vez. Logo, outra música, "Uncomplicated" [Descomplicado], também viralizou. As portas começaram a se abrir e, mesmo com sua autoconfiança ainda instável, Rox as atravessou. Isso a levou ao seu primeiro show com ingressos esgotados; depois, a uma turnê, ao lançamento de dois EPs e, no momento em que escrevo este texto, dois anos após o lançamento de seu primeiro *single*, ela está saindo em turnê mais uma vez, participando de festivais e trabalhando em seu primeiro álbum.

Eu via sua confiança aumentar de forma diretamente proporcional ao quanto ela conseguia se mostrar. Ela trabalhou sem descanso para desconstruir a crença de que era velha demais, cafona demais ou qualquer outra coisa. Agora, ela é simplesmente uma artista criando sua arte. Não consigo imaginar uma felicidade maior que essa.

O TDAH não diagnosticado sufocou a confiança de Rox, fazendo-a se sentir uma fraude, incapaz de realizar qualquer coisa. Afinal, se ela não conseguia lavar a roupa e, vira e mexe, perdia as chaves, como poderia fazer algo importante? Todas as suas dificuldades foram rotuladas como fracasso, mas, pela perspectiva do TDAH, essas dificuldades têm fundamento e são mais fáceis de ser aceitas se a pessoa receber o apoio necessário. O diagnóstico possibilita que pessoas que sentem um profundo ódio por si mesmas se libertem do controle que a vergonha e a aversão exercem sobre elas. Isso as ajuda a se livrar também de uma vida inteira em que acreditaram ser defeituosas e a entender que merecem amor e respeito. Nesse novo ambiente, a pessoa com TDAH pode, de fato, prosperar.

Retornando à narrativa, estou observando Rox pular de alegria no palco, cantando a letra de sua música mais famosa. Sorrindo, repleta de energia, ela está vivendo a melhor fase de sua vida. Alcançou esse momento porque se atreveu a tentar mais uma vez, mesmo depois de ter duvidado de que chegaria a esse ponto. Mas isso não importa! O mundo recompensa quem se mostra e enfrenta seus medos. É simples assim.

COMO AJUDAR UMA PESSOA COM TDAH QUE ACREDITA SER UM FRACASSO

É um clichê antigo, que as crianças com TDAH ouvem na escola: "Você tem potencial, mas não se esforça!". Essa mensagem, vinda do mundo, em geral, diz que elas são diretamente responsáveis por suas dificuldades. Enquanto as pessoas com TDAH lutam para corresponder a esse "potencial" e até mesmo para sobreviver neste mundo, acabam perdendo a fé em si mesmas. Na verdade, esse potencial ainda está presente. Aquela centelha que as torna únicas pode ter sido ofuscada por um mundo que as fez sentir-se defeituosas, mas nunca será completamente extinta.

Muitos adultos estão descobrindo agora que têm TDAH e, de repente, compreendem por que a vida tem sido tão desafiadora. Eles lamentam a vida que poderiam ter vivido, refletindo sobre os anos difíceis em que lutaram para seguir em frente. Essa parte do processo é fundamental, assim como sonhar e nutrir a esperança de que seus talentos, seus interesses, sua criatividade e seu potencial possam se destacar. Uma pessoa com TDAH que recebe apoio e incentivo é capaz de criar universos maravilhosos, tanto para si mesma quanto para os outros.

Vejamos algumas maneiras de ajudar as pessoas com TDAH nesse processo...

1. **QUESTIONE A NARRATIVA** — Se uma pessoa com TDAH tem um plano criativo para executar um empreendimento, uma ideia de negócios ou um propósito de vida adormecido em consequência de crenças negativas, é fundamental investigar a causa principal de suas limitações. Faça perguntas sobre suas escolhas, sua falta de autoconfiança e suas preocupações. Em seguida, mostre, de um modo gentil, que as coisas podem não ser tão ruins quanto parecem e que, na verdade, podem funcionar muito bem para ela. É essencial cultivar um ambiente de apoio que a incentive a explorar suas paixões e a acreditar em seu potencial.

2. **OFEREÇA APOIO SEMPRE QUE PUDER** — Se você tiver tempo e estiver em condições de ajudar, ofereça-se para auxiliar na administração dos pequenos detalhes dos "bastidores" que são essenciais para que os projetos saiam do papel. Essas áreas podem ser desafiadoras para pessoas com TDAH. Eliminar o fardo de ter de lidar com essas dificuldades possibilita que elas se concentrem mais em seus talentos. Isso não apenas eleva rapidamente a autoestima como também traz resultados concretos. Durante anos, muitas pessoas tentaram *se consertar e*

fracassaram, mas imaginem o alívio que podem sentir ao se dedicar a algo em que realmente são talentosas, descobrindo que, com os alicerces bem definidos, é possível alcançar seus objetivos.

3. **CUIDADO COM O EXCESSO DE PENSAMENTOS** — O perfeccionismo pode destruir muitos projetos e ideias gerados por pessoas com TDAH. Com frequência, elas acreditam que, se suas ideias não são as melhores, é porque são, sem dúvida, as piores. Esse perfeccionismo pode ser uma maneira de evitar críticas severas, que consideram insuportáveis. Ao oferecer um ambiente seguro para que elas possam expressar seus pensamentos mais íntimos, sobretudo os mais críticos ou perfeccionistas, você pode ajudá-las a perceber que "feito é melhor do que perfeito". É fundamental mostrar que o fracasso não é uma possibilidade real e que tudo o que precisam fazer é dar o próximo passo.

4. **CORTE AS COMPARAÇÕES PELA RAIZ** — Pessoas com TDAH frequentemente se comparam aos outros, tentando justificar que há algo errado com elas ou que estão cometendo erros. Quando começam a seguir seus sonhos, é comum que passem a se comparar com outras pessoas, que estão em jornadas diferentes. É essencial trazê-las de volta, de forma gentil, mas firme, a sua própria história e à realidade, mostrando que suas ações podem de fato mudar os resultados. Afinal, a comparação nos rouba a alegria.

DISSIPANDO O MITO

Se a pessoa disser

~~Eu sou um fracasso.~~

Tente dizer isto:

Você tem muitas experiências para compartilhar com o mundo.

Você não precisa fazer isso sozinha(o).

MITO RELACIONADO AO TDAH #10: O MUNDO SERIA MELHOR SEM MIM

Escrito por Rox

Deitada no quarto de hóspedes da casa de um amigo, uma onda de tranquilidade me envolveu. Fiz um pacto silencioso comigo mesma, um compromisso de me libertar do ciclo repetitivo de fracassos diários e da vergonha que só aumentava.

No dia em que papai morrer, eu também vou.

É um pensamento sutil e silencioso, o que parece estranho, considerando suas enormes consequências. Não haveria tumulto, nada grandioso. Nenhuma confusão. Apenas eu, partindo discretamente depois de tomar um frasco de comprimidos.

Perdi minha mãe para um câncer quase catorze anos atrás. Essa experiência despedaçou meu coração, e ele nunca mais se recuperou. É como se houvesse um buraco de bala de revólver em meu peito. O luto é brutal e complexo. Sabe-se que o luto pode intensificar os sintomas do TDAH[12] e, assim, nos anos que se seguiram à sua morte, sem apoio para lidar com a perda ou com meu TDAH, todos os aspectos da minha vida desmoronaram. Acumulei tanta vergonha que, por fim, não consegui mais suportar o peso.

Contudo, naquela noite, deitada ali, enfim, consegui respirar. Sabia que não suportaria a morte do meu pai; eu não tinha forças para enfrentar isso de novo. No entanto, também não o faria passar pela dor de me perder. Então, eu continuaria o quanto pudesse, lutaria contra a escuridão por mais alguns anos e partiria com a consciência de que, no fim das contas, havia feito o meu melhor.

Claro, alguns amigos sentiriam minha falta por um tempo, mas, em poucas semanas, ficariam bem. Não havia mais ninguém que ficasse profundamente devastado com minha partida. Eu não tinha uma família de verdade. Sempre desempenhava um papel secundário na história dos outros. Era o lugar extra na ceia de Natal de outra pessoa, a hóspede no quarto vago de uma família alheia. Eu não acrescentava nada a este mundo... na verdade, sentia que havia tirado muito dele.

Todas as mentiras que contei, as pessoas que magoei ou decepcionei, as contas que ficaram sem pagar, os sonhos não realizados... tudo isso era apenas mais uma prova de que eu não pertencia, de fato, a este lugar. Que o mundo seria melhor sem mim.

Um estudo recente conduzido por Henry Shelford revela que adultos com TDAH têm cinco vezes mais chances de tentar o suicídio do que aqueles sem a condição.[13] Isso representa uma probabilidade 500% maior de tirar a própria vida. Reflita sobre isso por um instante: como uma condição que muitos consideram apenas uma questão de "prestar atenção" pode estar ligada ao desejo de não querer mais viver? Com certeza, a dificuldade de se concentrar em uma tarefa não parece, por si só, razão suficiente para alguém acreditar que o mundo seria melhor sem sua presença.

Quando relembro 2019, meu coração se acelera e eu me pergunto como fui capaz de tomar uma decisão tão devastadora de maneira tão tranquila e silenciosa, sem nenhuma hesitação. Encarei essa escolha como uma boa solução para uma vida repleta de fracassos. De forma isolada, os sintomas do TDAH podem não parecer tão graves, não no panorama geral. No entanto, não são os sintomas que levam a pensamentos suicidas; são as consequências que geram e as crenças que formamos a respeito de nós mesmos por causa disso.

Por exemplo, a impulsividade, embora à primeira vista não pareça um sintoma que conduza alguém aos cantos mais sombrios do mundo, merece uma análise mais profunda.

Imagine que uma pessoa com TDAH não diagnosticado enfrente problemas derivados de gastos impulsivos. Ela acumula dívidas de cartão de crédito que se tornam difíceis de quitar e luta para controlar suas contas; assim, acaba por atrasar todos os pagamentos. Oficiais de justiça batem à sua porta e, em seguida, ela encara um processo legal, o que a leva a ter de comparecer ao tribunal. Desse modo, algo que parece pequeno, como a impulsividade, pode acabar destruindo uma vida.

Agora, vamos pensar em uma pessoa que perde objetos e os coloca em lugares inadequados com muita frequência.

Sim, é claro que todo mundo faz isso. Não é um problema tão grave, certo? No entanto, vamos analisar a situação de uma pessoa com TDAH não diagnosticado que tem o hábito de perder objetos. Suponha que ela tenha de viajar para os Estados Unidos por conta de uma oportunidade de trabalho única na vida, mas, na noite anterior, ela perde o passaporte. Isso a leva a perder o voo, decepcionando todas as pessoas com quem planejava se encontrar e trabalhar, e, por fim, ela perde a oportunidade de trabalho. Portanto, "perder coisas" com frequência pode rapidamente se tornar uma situação sombria para alguém com TDAH.

Vamos analisar o caso de uma pessoa que tem dificuldade para administrar e organizar tarefas. À primeira vista, isso pode parecer trivial; ela pode ter uma pilha de cartas não abertas, mas quão problemático isso pode ser? Agora, consideremos alguém que não conseguiu agendar um exame de rotina durante dez anos em consequência de sua desorganização. Suponha que essa pessoa tenha um histórico familiar de câncer de colo do útero. Nesse contexto, fica claro como a situação pode se complicar bem rápido.

Todos esses exemplos vêm de mim, a propósito.

O TDAH é percebido pelos outros, com frequência, como uma condição que não é realmente séria. Isso leva à conclusão equivocada de que as pessoas afetadas não estão sofrendo de verdade. Muitas vezes, presume-se que elas simplesmente se recusam a melhorar, a efetuar tarefas básicas e a lidar com suas dificuldades porque não desejam ter uma vida normal e respeitável. Eis um grande problema: quando alguém com TDAH se sente julgado como inferior e acredita que é culpado por seus sintomas, não tem a quem recorrer quando as coisas se tornam difíceis. A pessoa pode achar que não merece ajuda, pois acredita que é responsável por sua situação.

É por isso que precisamos abordar as consequências mais graves do TDAH. É essencial realizar mais pesquisas para entender por que estamos mais propensos a cometer suicídio e promover intervenções precoces que impeçam as crianças de crescer sob o peso das crenças internas prejudiciais que discutimos neste livro.

Se você está lendo este livro e se sente preso em um momento particularmente sombrio, eu o incentivo, com todo o meu coração, a buscar ajuda. Acredite: há pessoas por aí que se preocupam muito com você — pode ser um velho amigo, alguém da família ou até mesmo alguém que você ainda não conhece. No meio da escuridão, pode parecer impossível enxergar a luz, mas garanto que ela ainda existe. Embora este mundo seja repleto de tristeza e dor, também é rico em beleza e amor. Se você conseguiu superar seus momentos mais desafiadores, sobreviveu a uma tentativa de suicídio ou construiu uma vida significativa a partir de um lugar de desespero, não hesite em compartilhar sua história. Fale sobre isso de todas as maneiras possíveis. Uma das coisas mais gratificantes a respeito da sobrevivência é que, agora, você tem um roteiro para ajudar outras pessoas a viver melhor.

Ao refletir sobre os capítulos deste livro e os lugares profundos aos quais eles me levaram nos momentos em que eu revisitei minha própria vida durante a escrita, consigo compreender melhor por que o risco de vida é tão elevado para pessoas com TDAH. Pensemos, por um instante, nas principais crenças discutidas aqui, crenças estas que foram destacadas pela nossa comunidade. Imagine como é viver com uma narrativa constante ecoando em sua mente, como um disco riscado que toca sem parar...

→ **Eu sou preguiçoso.**

→ **Não estou me esforçando o suficiente.**

→ **Eu largo tudo o que começo.**

→ **Eu sou burro.**

→ Eu sou uma pessoa ruim.

→ Todo mundo me odeia secretamente.

→ Eu sou inútil.

→ Eu sou um fardo.

→ Eu sou um fracasso.

→ O mundo seria melhor sem mim.

O que esperamos que aconteça? Acreditamos que podemos internalizar essas ideias sobre nós mesmos e, de alguma forma, ainda viver feliz? Achamos que esse tipo de vergonha e de bullying incessante será capaz de revelar nosso melhor lado? A ideação suicida e as tentativas de suicídio são expressões de uma imensa falta de esperança, frutos de uma árvore envenenada. A princípio, essa árvore é contaminada pelo mundo exterior e, à medida que crescemos, começamos a nos envenenar. Absorvemos as mensagens negativas ao nosso redor e passamos a retransmiti-las internamente. Para nos curarmos e avançar, é fundamental eliminar as principais crenças tóxicas que envenenaram nossa vida por tanto tempo. Precisamos desenterrá-las, compreendê-las e, em seguida, queimá-las. Depois disso, devemos substituí-las pela verdade.

A verdade é mais ou menos assim...

→ Eu não preciso me "consertar".

→ Eu tenho diversas qualidades.

→ Eu mereço fazer um trabalho do qual eu goste.

→ Não há problema em mudar de direção.

→ Eu luto contra determinadas coisas por causa da minha condição.

→ Eu tenho muitas habilidades que os outros não têm.

→ Às vezes, preciso de uma dose extra de apoio, e isso é perfeitamente aceitável.

→ Eu sou uma pessoa valiosa, independentemente das minhas fraquezas.

→ **Não é tarde demais para eu seguir meus sonhos.**

→ **Eu mereço estar aqui.**

O fruto dessa árvore é muito diferente; ele não está envenenado ou em decomposição. Na verdade, é exatamente o oposto: ele produz flores lindas e vibrantes. Quando alteramos nossas crenças fundamentais, transformamos as raízes da árvore que sustenta nossa vida. Ao transformar essas raízes, transformamos a nossa árvore.

Por muito tempo, estive presa, tentando transformar os "frutos" da minha vida — os problemas que eram visíveis... minha falta de disciplina, minhas finanças desorganizadas e minhas dificuldades nos relacionamentos. Eu me esforçava para consertar o que estava à vista, enquanto a verdadeira causa do meu sofrimento permanecia oculta sob a superfície. Quando as principais crenças tóxicas foram eliminadas e transformadas, meus esforços para me tornar alguém de quem me orgulhasse começaram a surtir efeito.

Eu me lembro do meu desespero em 2019, silenciosamente resignada a deixar este planeta mais cedo, e gostaria de dizer o seguinte a essa versão de mim mesma:

Menina, você permaneceu aqui. Você enfrentou seus piores dias, desesperada e sem ninguém ao seu lado. Embora acreditasse que não havia mais caminho para a recuperação, agarrou-se a uma pequena centelha de esperança que nem mesmo o crítico mais cruel poderia apagar. A esperança de que, talvez, por trás de tudo isso, você tivesse algo a oferecer ao mundo. Você passou a fazer terapia e se dedicou, ano após ano, a desvendar todas as dificuldades que atormentaram sua vida e seus relacionamentos. Você assumiu a responsabilidade por alguns comportamentos que prejudicaram outras pessoas e você mesma. E, por fim, começou a se enxergar como uma pessoa valiosa pela primeira vez.

Este livro não teria sido possível sem sua coragem. Sem sua decisão de permanecer conosco. Você não tinha ideia de onde isso nos levaria... Eu adoraria poder compartilhar com você as histórias sobre Rich, Lillie e Seer.

Sobre nossa casa e a vida que construímos juntos, repleta de felicidade! Mas você irá descobrir tudo isso por conta própria em questão de meses. O amor transformador está no horizonte, aguardando por você no exato momento em que você pensou que nunca aconteceria.

Continue sua caminhada.

DESTRUINDO O MITO DE "O MUNDO SERIA MELHOR SEM MIM"

Vivemos em um mundo em que os conselhos sobre saúde mental, muitas vezes, se resumem a expressões como "Não há problema em não estar bem!" e "É bom conversar...". Embora essas afirmações, em geral, sejam proferidas com as melhores intenções, elas não são de modo algum suficientes. Com quem exatamente devo conversar quando todos ao meu redor acreditam que sou a causa das minhas dificuldades? Como posso ficar "bem" se não desejo mais estar aqui?

As pessoas que já pensaram em partir, tirar a própria vida, devem saber que não estão sozinhas. Nenhum pensamento que experimentamos é exclusivo, pois muitos de nós já enfrentaram essa realidade. Nenhuma ação justifica a punição de se ausentar do mundo. Não importa o quão perdido ou fracassado você se sinta, saiba que sempre há esperança. Sempre haverá a possibilidade de mudar completamente a situação. Essa transformação não ocorre por meio de mais esforço, não é necessário fingir estar bem ou mascarar a dor. A transformação começa quando nos permitimos mergulhar na verdadeira essência de nós mesmos, para que as dificuldades e as dores sejam sentidas de verdade.

Precisamos nos tornar nossos próprios defensores. É essencial eliminar as crenças negativas que se enraizaram em nós e substituí-las por alternativas que promovam verdade, aceitação e amor. Essa tarefa não é simples; pode demandar uma vida inteira de esforço. No entanto, cada passo em direção ao nosso verdadeiro eu é uma conquista significativa — um ato de resistência diante do TDAH. Devemos descobrir nossa voz, nosso valor e nossa força neste mundo, para que possamos fornecer um guia para aqueles que ainda se sentem perdidos.

Aqui estão algumas ferramentas necessárias para essa jornada...

1. **VALENTIA** — Devemos procurar e encontrar o apoio necessário. Isso pode envolver ajuda profissional, terapias, conversas ou participação em reuniões de grupo. Às vezes, pode ser tão simples quanto compartilhar, em um café com um amigo ou um colega de confiança, a forma como nos sentimos perdidos e solitários por dentro. Quando expressamos esses sentimentos em voz alta e somos de fato ouvidos, as vozes interiores começam a perder seu poder sobre nós. Conseguimos reconhecê-las pelo que são de verdade — mitos — e iniciamos o processo de mudar nossa narrativa. Todos nós merecemos receber ajuda e apoio em nossos momentos mais difíceis.

2. **ESPERANÇA** — Independentemente de quão difíceis as situações possam parecer e de quão intensamente possamos acreditar que nada vai melhorar, é essencial buscarmos a esperança. Precisamos nos permitir acreditar que a mudança é possível. Devemos usar nossa incrível imaginação não para vislumbrar o pior, mas para projetar os melhores resultados possíveis para nossa vida. Quando recebemos o apoio e a compreensão que nos foram negados por tanto tempo e começamos a enxergar a vida e a nós mesmos por uma nova perspectiva, tudo se transforma. Não há nada em nossa vida que não possa ser perdoado, restaurado e concretizado.

3. **COMUNIDADE** — O isolamento é uma forma específica de tortura. Testemunhar o sucesso dos outros enquanto enfrentamos fracassos durante muitos anos pode gerar um sentimento de alteridade; podemos nos sentir estranhos e aprisionados em um ambiente desprovido de espírito comunitário, valores compartilhados e compreensão mútua. Criar uma comunidade que inclua outras pessoas neurodivergentes

pode nos proporcionar um verdadeiro senso de compreensão. É importante considerarmos a participação em comunidades online ou, quem sabe, organizarmos nossos próprios encontros. Devemos fazer o que for necessário para nos sentirmos mais aceitos e menos solitários neste mundo.

4. **AMOR** — O amor é, sem dúvida, um dos remédios mais poderosos para sanar diversas dificuldades. O amor pode se manifestar de várias maneiras, mas, em essência, representa um reflexo contínuo de nosso profundo valor, de nossa dignidade e de nosso propósito neste mundo. Essa é a verdadeira sensação de ser amado, algo que buscamos em nossas amizades e em nossos relacionamentos mais significativos. Além disso, é fundamental começarmos a nos enxergar e a nos tratar da mesma forma. As palavras e as histórias que repetimos em nossa mente podem enfatizar nossas falhas, mas, por outro lado, também podem exaltar nosso valor. Precisamos iniciar um diálogo interno que nos proporcione cura e bem-estar. Devemos aprender a nos valorizar de verdade.

Chega de conversa-fiada.

DISSIPANDO O MITO

Em vez de dizer
~~O mundo seria melhor sem mim.~~
Tente dizer isto:
Eu mereço estar aqui.
Sou valioso(a) e amado(a). Tenho muito com o que contribuir para o mundo.

"O MUNDO PRECISA DE VOCÊ. VOCÊ MERECE ESTAR AQUI!"

Escrito por Rich

"Eu ia me matar esta noite de qualquer maneira."

Meu filho de 16 anos ergueu a cabeça, que estava enfiada no vaso sanitário, onde ele estava vomitando sem parar. Não tive tempo para processar suas palavras. Eu estava mais preocupado em segurá-lo para que ele não batesse a cabeça no chão do banheiro.

Ele tinha chegado ao meu apartamento algumas horas antes. Passava os fins de semana comigo e, de segunda a sexta-feira, ficava com a mãe. Tínhamos um bom convívio, e as noites de sexta-feira eram sempre reservadas para algumas cervejas e jogar videogame. Seer e eu éramos muito próximos. Nossa relação era mais uma amizade do que a dinâmica tradicional entre pai e filho.

No entanto, o que eu não sabia era que, naquela sexta-feira em particular, ele havia bebido meia garrafa de uísque do padrasto antes de chegar à minha casa. Só percebi que algo estava errado quando abri nossa segunda cerveja. Seer se levantou para ir ao banheiro e parecia não ter mais controle sobre as próprias pernas. Ele tropeçou no corredor, ricocheteando nas paredes, até cair no banheiro.

Corri até o banheiro e retirei de lá todos os objetos pontiagudos ou de vidro, pois percebi que ele não estava conseguindo se controlar. Ele parecia um touro em uma loja de porcelana, e o touro também estava vomitando sobre si mesmo. Segurei a cabeça dele e esfreguei suas costas enquanto ele começava a expelir cerca de 50 libras do melhor uísque escocês. Enquanto me ajoelhava ali, eu pensei: "Ele disse que ia se matar!". A princípio, aquelas palavras não foram registradas. Era uma coisa tão estranha de se ouvir, algo que você nunca imaginaria ouvir de seu filho.

No entanto, era a única coisa que ele havia dito, além dos gemidos intermitentes que emitiu entre as crises de vômito.

Depois de mais ou menos uma hora, Seer começou a se sentir um pouco melhor, embora ainda estivesse completamente fora de si. Eu o levei para a cama e coloquei um litro de água e um balde ao seu lado, para que ele vomitasse se fosse necessário. Voltei para a sala de estar a fim de terminar minha própria cerveja e refletir sobre o que havia acabado de acontecer. As palavras dele continuavam girando em minha mente. *Como diabos eu deveria reagir a isso?*

Na manhã seguinte, depois de um energético e dois comprimidos de paracetamol, Seer estava voltando a ter uma aparência mais humana.

— Ontem à noite, você disse algo bem preocupante... — comecei a falar. — Você disse que queria se matar. É assim que você se sente?

— Não! — Ele riu, balançando a cabeça. — De jeito nenhum, cara. Eu só estava bêbado. Não quero fazer isso, não.

E foi assim que encerramos a conversa. Eu acreditava no que ele estava dizendo e, de certa forma, parte de mim estava aliviada por não haver mais nada que eu precisasse fazer. Sendo sincero, eu me sentia completamente despreparado para falar sobre suicídio. Não existem orientações para pais sobre como lidar com um adolescente que está pensando em se matar enquanto vomita. Eu me senti aliviado por termos superado aquele episódio e esperava que nunca mais precisássemos falar sobre aquilo de novo.

Ao me lembrar daquela noite e de tudo o que aprendi na terapia, e também do que sei agora, por intermédio de Rox, sobre a dor profunda que a neurodivergência pode causar, percebo que havia muito mais em jogo do que eu imaginava. Reconheço que poderia ter agido de maneira muito mais eficaz. Ser pai é um desafio significativo, e eu tenho muitos arrependimentos relacionados ao modo como as coisas aconteceram. Mesmo naquela época, quando eu bebia e não estava tão disponível no âmbito emocional como estou agora, posso afirmar com segurança que fiz o meu melhor. No entanto, hoje, o meu melhor é *bem* melhor.

Consigo perceber, agora, que havia um elemento de verdade nas palavras de Seer. Em seu estado totalmente alcoolizado, ele revelou o quanto se sentia dominado pela autodepreciação. Diagnosticado com Asperger em 2010, que agora faz parte do diagnóstico de transtorno do espectro autista (TEA), Seer enfrentou inúmeras dificuldades na escola, o que resultou na perda de grande parte do conteúdo do ensino médio. Naquela época, ele já havia desenvolvido uma espécie de máscara, como se fingisse estar em uma situação muito melhor do que de fato estava. Quando perguntávamos se estava tudo bem, ele sempre respondia que sim, e eu aceitava essa afirmação como verdadeira. No entanto, aceitar a máscara de alguém sem questionar pode ser extremamente arriscado.

Foi apenas alguns meses depois de ter conhecido Rox que comecei a compreender as dificuldades que Seer enfrentava. Ao ouvir Rox descrever uma tentativa de suicídio pela qual passara aos 22 anos e falar sobre o pacto que fez consigo mesma aos 34, comecei a juntar as peças. Tenho certeza de que nenhum dos amigos de Rox tinha ideia de como ela se sentia de verdade. A maioria das pessoas a via como uma pessoa extremamente positiva e otimista. No entanto, ali estava ela, explicando que havia aceitado plenamente que iria dar um fim à própria vida após a morte de seu pai.

Percebi que Rox e Seer estavam imersos em um rio de desesperança, carregando o pesado fardo de nunca se sentirem adequados nem realmente amados. É alarmante o quão prejudicial isso pode ser num nível básico. Por isso, discutir as principais crenças que podem se desenvolver em pessoas neurodivergentes é muito urgente. Nós, como pais, precisamos desenvolver habilidades para nos comunicar de forma profunda com nossos filhos e garantir que eles saibam o quanto são valiosos.

Ao rever a vida e a educação de Seer, percebo quantas vezes cometi erros, mesmo sem querer. Quantas vezes afirmei que ele era preguiçoso ou que precisava se esforçar mais... Tudo isso porque eu não sabia o que era melhor para ele. Eu enxergava a partir da minha perspectiva e não conseguia compreender a experiência de quem é autista. Agora, Seer tem se mostrado muito mais aberto em relação à sua saúde mental e às crenças negativas que carrega.

Há alguns meses, durante um jantar em casa, resolvemos apresentar a Seer os títulos dos capítulos e os tópicos que planejávamos abordar neste livro.

— Tique. Tique. Tique. Este é o primeiro teste em que acertei cem por cento. Gabaritei! — ele brincou, com seu estilo habitual de comédia do cotidiano.

Tenho certeza de que ele dirá que este livro é muito cafona e que não o lerá, mas... quem sabe? Talvez, um dia, ele o leia. E, se o fizer, quero que saiba o quanto é amado por mim, o quanto o considero incrível e o quanto lamento por não ter percebido antes a angústia que ele estava sentindo.

A jornada deste livro me deixou muito impactado. Fiquei surpreso, e ainda estou, com a quantidade de trabalho que ainda precisa ser feito por essa comunidade. Muitas das soluções apresentadas não chegam nem perto de abordar as questões mais prejudiciais de suas experiências. Parece que o objetivo principal da sociedade é colocar as pessoas neurodivergentes em moldes neurotípicos, com um foco constante em torná-las mais produtivas. No entanto, o que de fato é mais importante? Que alguém aprenda a limpar seu quarto diariamente ou que essa pessoa desenvolva a habilidade de se aceitar e de buscar ajuda quando for necessário?

Seer e Rox compartilham várias semelhanças; por exemplo, eles usam a máquina de lavar louça da mesma maneira. Além disso, ambos cultivam uma crença quase inerente de que há algo errado com eles.

Para mim, viver em uma casa com dois neurodivergentes é uma experiência interessante. É bagunçado, é emotivo, é hilário e é maravilhoso.

Quero expressar minha profunda gratidão a todos vocês por estarem aqui conosco, permitindo-nos compartilhar nossas vidas e as formas como conseguimos fazer tudo funcionar. Quero me dirigir em especial aos parceiros e aos pais de pessoas neurodivergentes, ressaltando que é incrível que vocês estejam lendo este livro. Isso já representa um ato de amor poderoso pela pessoa que faz parte de sua vida. Imagino que, se mais pessoas como vocês realmente se interessassem em aprender como apoiar os neurodivergentes desde a infância, não estaríamos enfrentando tanta baixa autoestima incapacitante e os principais mitos que Rox e eu discutimos enquanto escrevíamos esta obra.

Reconheço que, em algumas ocasiões, pode ser difícil saber como agir ou oferecer ajuda. Além disso, já é difícil garantir que nossas próprias necessidades sejam atendidas enquanto asseguramos que as histórias, as emoções e os objetivos alheios sejam igualmente considerados. Devemos compreender que não há problema algum em nos sentirmos frustrados e desejar que as circunstâncias sejam diferentes. Somos humanos, moldados por nossas expectativas e nossos desejos, cada um com suas próprias vivências, dificuldades e ansiedades. O trabalho mais transformador que fiz para me tornar um parceiro e pai melhor não foi apenas aprender a conviver com Rox e meus filhos, mas, sim, enfrentar meus próprios desafios, que interferiam em uma conexão emocional genuína. Minha decisão de permanecer sóbrio, em 2020, e buscar terapia para digerir o abuso sexual que sofri na infância me permitiram sentir as coisas de maneira mais intensa e me conectar com minha parceira e meus filhos num nível mais profundo.

Às vezes, somente depois de descermos às profundezas de nossa própria dor é que conseguimos nos colocar no lugar do outro e compreender a dor alheia.

COMO AJUDAR UMA PESSOA COM TDAH QUE ACREDITA QUE O MUNDO SERIA MELHOR SEM ELA

Com frequência, o mundo ressalta os erros das pessoas neurodivergentes, fazendo-as se lembrar de suas falhas. Portanto, devemos destacar suas conquistas e suas capacidades. Nossa missão é amar a pessoa que está diante de nós, e não uma versão idealizada do que gostaríamos que ela fosse, apenas para que tudo se tornasse mais fácil para nós.

Vejamos como podemos ajudar...

1. **ESPELHE A VULNERABILIDADE** — Seu filho neurodivergente, provavelmente, veste uma supermáscara que ele adotou ao longo dos anos ao fingir que está bem para não se sentir um fardo. Será preciso olhar além das palavras dele para compreender, de fato, como ele está. A melhor forma de fazer isso é demonstrar sua própria vulnerabilidade. Isso ajudará a criar um ambiente seguro, em que ambos possam se abrir, pedir ajuda e apoiar um ao outro.

2. **INCENTIVE A HONESTIDADE** — Acredito que a honestidade transformará a base de seu relacionamento com seu filho neurodivergente. Não me refiro apenas à honestidade relativa a questões práticas, como a participação dele em uma filmagem, por exemplo, mas, sim, à abertura de seu mundo interno, permitindo que ele também se sinta à vontade para compartilhar o dele. É fundamental que você esteja atento para detectar sinais de que algo não está bem e seja a pessoa mais confiável, para que ele se sinta à vontade para compartilhar o que de fato está sentindo.

3. **AMOR** — Esta é a força mais subestimada e, ao mesmo tempo, a mais poderosa. O afeto, a alegria de estar junto, o apoio incondicional... esses elementos formam a base para que a pessoa neurodivergente comece a compartilhar alguns dos seus pensamentos e sentimentos mais difíceis. Se esses sentimentos forem compartilhados, vocês poderão abordá-los juntos, como uma equipe, impedindo que a pessoa enfrente sozinha a crença de que há algo errado com ela.

4. **CONVERSA SÉRIA** — Conversem sobre os sentimentos da pessoa. Diga a ela que você a ama e que tem orgulho dela. Esteja atento para identificar se ela está se menosprezando ou falando algo negativo sobre si mesma. Neste livro, abordamos os dez mitos que impedem a pessoa com TDAH de avançar, as conversas internas que se repetem em sua mente durante toda a sua vida. É hora de ter uma CONVERSA SÉRIA, para que ela se sinta valorizada e compreendida.

DISSIPANDO O MITO

Se a pessoa disser

~~O mundo seria melhor sem mim.~~

Tente dizer isto:

Você é muito amada(o), necessária(o) e valiosa(o)

Você não precisa continuar sozinha(o).

UM ÚLTIMO PONTO:
A VERDADE SOBRE O TDAH

Escrito por Rox & Rich

Ufa… Você acabou de superar muita "conversa-fiada". Esperamos que não tenha sido tão doloroso quanto um neurotípico bem-intencionado encarando você na manhã de segunda-feira e perguntando sobre seu fim de semana.

Independentemente de você ter sido impactado por apenas um capítulo ou por todos os dez, esperamos, de coração, que este livro tenha provocado reflexões. Talvez o pior sintoma do TDAH não seja a perda constante de objetos, a dificuldade em cumprir horários ou com o excesso de trabalho. Na verdade, o mais debilitante pode ser o sentimento paralisante de autodepreciação que surge por causa da maneira como o mundo lida com esses sintomas. Para muitos, o objetivo tem sido eliminar os sinais do TDAH, destruí-los até que desapareçam. Encontrar o truque ou a ferramenta perfeita para nos livrarmos dessas partes que aprendemos a considerar inaceitáveis.

A verdade? O TDAH faz parte de quem somos, está entrelaçado na tessitura do nosso ser. Desprezá-lo tanto é, na realidade, desprezar a nós mesmos. Eu me desprezei durante décadas, e posso garantir que essa é a receita para não mudar nada, apenas permanecer preso. O bullying, mesmo que interno, nunca é o caminho para promover mudanças reais. Como podemos encontrar paz se estamos em constante guerra com nossa própria essência?

Portanto, chegou o momento de, enfim, aceitarmos que somos diferentes.

A VERDADE ESSENCIAL DO TDAH É...
Somos um pouco caóticos, mas também encantadores.

Esperamos que este livro marque o início da sua jornada rumo ao amor-próprio. Não é necessário adiar esse sentimento de amor até que você consiga pôr tudo em ordem, tenha deixado de perder seus fones de ouvido ou tenha respondido a todas as mensagens. O amor por si mesmo pode começar a se manifestar agora, com a simples decisão de nunca mais se depreciar. Deixe para trás a "conversa-fiada" e escolha valorizar a si mesmo. Encerraremos com o "manifesto da conversa séria" — um pacto que esperamos que você possa fazer consigo mesmo, revisitando-o sempre que precisar.

MANIFESTO DA CONVERSA SÉRIA

→ Jamais me chamarei por nomes depreciativos, seja em voz alta ou em meus pensamentos. Se isso ocorrer em virtude da frustração ou da raiva, pedirei desculpas a mim mesmo(a).

→ Nunca permitirei que outra pessoa me trate com desprezo. Reduzirei o contato com as pessoas que me fazem sentir inferior.

→ Serei vulnerável e compartilharei com meus entes queridos o que realmente estou sentindo.

→ Refletirei com atenção antes de dizer "sim". Vou garantir que minha resposta não seja motivada pelo desejo de agradar os outros ou pela vontade de me sobrecarregar, mas, sim, pelo desejo genuíno de participar.

→ Darei às minhas emoções o espaço do qual elas necessitam. As lágrimas e a dor são bem-vindas aqui.

→ Não farei promessas de "me esforçar mais". Em vez disso, explicarei que algumas coisas são mais desafiadoras para mim e tentarei ter um relacionamento ou encontrar um sistema que funcione para ambos.

→ Nunca sentirei vergonha por ser apaixonado(a) por diversas coisas! Permitirei a mim mesmo(a) explorar diferentes hobbies e variados interesses de forma divertida.

→ Avançarei de modo corajoso em direção aos meus sonhos, ciente de que a coragem é um passo importante rumo ao sucesso!

→ Vou desistir de tentar trilhar o caminho neurotípico para o sucesso e, em vez disso, seguirei meu coração e minha intuição, reconhecendo que sempre há lições valiosas a serem aprendidas.

→ Buscarei o apoio de pessoas de confiança sempre que me sentir ansioso(a) em virtude de algum relacionamento ou de algum negócio.

→ Serei paciente comigo mesmo(a) e reservarei o tempo necessário para aprender e me desenvolver.

→ Acreditarei em meu futuro, pois estou ciente de que tenho talentos incríveis a oferecer ao mundo e que, com o apoio adequado, poderei crescer.

→ Vou retirar a roupa da lavadora (desculpe... não consegui resistir a essa).

Agradecemos muito a você por ter passado este tempo conosco. Rimos e choramos. (O.K.! Foi principalmente a Rox que chorou!). Esperamos que este livro tenha sido como um bom café, um abraço caloroso e, talvez, o empurrão de que você precisava.

Com muito amor,
Rich & Rox

AGRADECIMENTOS

Em primeiro lugar, quero dedicar este livro ao meu maravilhoso TDAH! Não teria conseguido escrevê-lo sem você. Desde a ideia inicial até as inúmeras sessões de hiperfoco que me mantiveram acordada até tarde da noite para finalizá-lo, sou grata por sua presença e por me guiar em cada etapa desse processo.

À nossa incrível comunidade "ADHD Love", agradecemos por estar conosco nesta jornada. Seus comentários e suas mensagens nos motivam a seguir em frente e a criar. É gratificante saber como nossas histórias tocaram vocês e seus entes queridos.

Agradecemos também a paciência e a dedicação de Marianne e Jen, as editoras que colaboraram conosco durante a produção do livro. Apesar dos prazos apertados e das mudanças de ideias, vocês conseguiram dar sentido à confusão. O livro não seria publicado sem a criatividade atenta e reflexiva de vocês. Agradeço por compartilhá-la conosco.

A Oscar e Mark, nossos agentes, agradecemos por terem traçado os "is" e colocado os pingos nos "ts" (é exatamente por isso que precisamos de vocês!). Agradecemos o feedback e a orientação a cada passo — e até mesmo nos tropeços — ao longo do caminho.

Agradecemos ao doutor Tej, que nos orientou em tantas questões nos últimos anos. Muito do que aprendemos com você está presente nestas páginas. Em apenas uma hora por semana você nos ajudou a transformar nossas vidas.

A Seer e Lillie, que provavelmente acham que este livro é a coisa mais cafona do mundo... Agradecemos por nos apoiarem enquanto muitas das nossas conversas em família eram "sobre o livro". Agradecemos por terem trocado ideias conosco e, mais importante, por nos mostrarem que o amor é realmente a única coisa de que precisamos. Nós amamos vocês dois imensamente.

VOCABULÁRIO DO TDAH

ABRAÇO DE REGULAÇÃO: Quando alguém o abraça para ajudá-lo a se acalmar num momento de emoções muito intensas, sobretudo em ocasiões de alto estresse.

ALEGREZA: Partes proporcionais de alegria e tristeza que sentimos depois de receber o diagnóstico de TDAH.

ARMÁRIO DE CHÃO: Um espaço no chão, em geral sobre o carpete, que também é usado como guarda-roupa.

AuTDAH: Quando alguém é diagnosticado ou suspeita muito de ter autismo e TDAH ao mesmo tempo.

BODY DOUBLING: Se uma pessoa com TDAH tem companhia durante uma tarefa desafiadora, o trabalho dela é facilitado. Pode ser um amigo ou alguém da família simplesmente sentado ao seu lado ou alguém conectado por uma chamada de vídeo pelo WhatsApp (ou pelo FaceTime)!

COMORBIDADES: Doenças e transtornos que geralmente ocorrem com o TDAH.

DOPAGARIMPAGEM: Garimpagem de dopamina, em geral, na forma de tempo gasto de modo excessivo na internet ou pesquisando sobre seu novo hobby favorito. Obs.: a palavra está aqui no vocabulário, mas não é utilizada no livro.

DSR (DISFORIA SENSÍVEL À REJEIÇÃO): A dor intensa, quase física, que as pessoas com TDAH sentem quando sofrem rejeição real ou imaginária.

ESCONDIDAÇÃO: Quando você decide esconder as coisas em sacolas, debaixo da cama ou em outro lugar, em vez fazer uma arrumação. Obs.: a palavra está aqui no vocabulário, mas não é utilizada no livro.

HIPERFOCO: O foco intenso experimentado por quem tem TDAH, quando nos concentramos em uma tarefa específica por horas a fio.

HIPERVIGILÂNCIA: Um estado frequentemente associado ao TEPT-C, em que uma pessoa está ciente de detalhes minuciosos em seu entorno e se sente constantemente alerta e insegura.

IMPOSTO DO TDAH: Consequências decorrentes da perda de memória, de esquecimentos ou de desafios relacionados à disfunção executiva — por exemplo, situações como a compra de vários pares de fones de ouvido ou a dificuldade de devolver roupas que foram compradas e não serviram.

MASCARAMENTO: Fingir ser neurotípico. Isso pode parecer uma forma de encobrir os sintomas do TDAH e agir como se tudo estivesse bem, o que causa muito estresse.

NEUROAPIMENTADOS: Um termo divertido para descrever pessoas da comunidade neurodivergente! Obs.: a palavra está aqui no vocabulário, mas não é utilizada no livro.

NOTIVAÇÃO: A incapacidade de iniciar ou concluir uma tarefa com baixo teor de dopamina (não motivação).

PILHAS DE COISAS ESPALHADAS: Quando você deveria estar arrumando a casa, mas acaba deixando pilhas de coisas por toda a casa.

SAÍDA EM PÂNICO: Quando o estresse é elevado por causa de itens perdidos e problemas de gerenciamento de tempo; nesses casos, a pessoa com TDAH fica extremamente estressada (e disfuncional) ao tentar sair de casa.

MISSÃO SECUNDÁRIA: Quando você deveria estar fazendo algo, mas começa a fazer outra coisa sem contar a ninguém.

SER ATINGIDO PELO TDAH: Quando seu TDAH vence a batalha! Talvez você tenha perdido algo importante, tenha ido para o lugar errado ou passado o dia todo paralisado.

PRATELEIRA DE ROUPAS REUTILIZÁVEIS: Roupas que a pessoa não quer pendurar junto com as roupas limpas, mas que ainda não pertencem ao rol de roupas sujas!

TORCEDOR CRÍTICO: Quando a pessoa fala de forma horrível sobre si mesma, seja em sua própria mente ou em voz alta. É o oposto do encorajador.

TRANSTORNO DE ESTRESSE PÓS-TRAUMÁTICO COMPLEXO (TEPT-C): Uma condição em que você apresenta sintomas de TEPT, como flashbacks e gatilhos de trauma, além de dificuldade para controlar suas emoções e seus sentimentos de raiva e desconfiança em relação ao mundo.

REFERÊNCIAS E NOTAS

1. Abigail Fagan, "3 Common Negative Core Beliefs of People with ADHD", *Psychology Today*, 29 nov. 2022. Disponível em: psychologytoday.com/gb/blog/the-reality-gen-z/202211/3-common -negative-corebeliefs-people-adhd. Acesso em: 4 nov. 2024.

2. Nichole Currie, "What Is Rejection Sensitive Dysphoria, and Why Does It Impact People with ADHD?", WHYY.org, 27 abr. 2023. Disponível em: whyy.org/segments/what-is-rejection -sensitive-dysphoriaand-why-does-it-impact-people-with-adhd/. Acesso em: 4 nov. 2024.

3. Larry Silver, MD, "Executive Dysfunction, Explained!", *ADDi-tude*, 17 fev. 2022. Disponível em: additudemag.com/executive-function-disorder-adhd-explained/. Acesso em: 4 nov. 2024.

4. Dr. Oscar D'Agnone, MD, "Recognizing the Strengths of ADHD: Unearthing the Positive Traits", The OAD Clinic, 4 out. 2023. Disponível em: theoadclinic.com/post/recognizing-the-strengths -of-adhd-unearthing-the-positive-traits. Acesso em: 4 nov. 2024.

5. Janice Rodden, "What Is Executive Dysfunction? Signs and Symptoms of EFD", *ADDitude*, 14 jan. 2021. Disponível em: additudemag. com/what-is-executive-function-disorder/. Acesso em: 4 nov. 2024.

6. Ellen Littman, Ph.D.; Eve Kessler, Esq., "ADHD: BEHIND THE Behavior", SmartKids, n.d. Disponível em: smartkidswithld.org/getting-help/adhd/adhd-behind-behavior/. Acesso em: 4 nov. 2024.

7. Rakesh Magon and Ulrich Müller, "ADHD with comorbid substance use disorder: review of treatment", Cambridge University Press Online, 2 jan. 2018. Disponível em: cambridge.org/core/ journals/advances-in-psychiatric-treatment/article/adhd-with-comorbid-substance-use-disorder -review-of-treatment/C0B6C471528932 F7402424742F0AA463. Acesso em: 4 nov. 2024.

8. St Pauls Chambers (sem autor), "What Happens If You Drive Without a License", 29 nov. 2022. Disponível em: stpaulschambers.com/what-happens-if-you-drive-without-a-licence/. Acesso em: 4 nov. 2024.

9. Paul L. Morgan et al., "Racial and Ethnic Disparities in ADHD Diagnosis from Kindergarten to Eighth Grade", Pediatrics, v. 132, n. 1, p. 85-93, jul. 2013. Disponível em: ncbi.nlm.nih.gov/pmc/articles/PMC3691530/. Acesso em: 4 nov. 2024.

10. Devon Frye, "The Children Left Behind", *ADDitude*, 31 mar. 2022. Disponível em: additudemag.com/race-and-adhd-how-people-of-color-get-left-behind/. Acesso em: 4 nov. 2024.

11. Megan Anna Neff, "Rejection Sensitive Dysphoria", Neurodivergent Insights, n.d. Disponível em: neurodivergentinsights.com/blog/rejection-sensitive-dysphoria. Acesso em: 4 nov. 2024.

12. "Handling Grief and Loss When You Have ADHD", Edge Foundation, n.d. Disponível em: edgefoundation.org/handling-grief-and-loss-when-you-have-adhd/. Acesso em: 4 nov. 2024.

13. University of Glasgow (no author), "New Study to Understand the Relationship Between ADHD and Suicide Risk", 27 set. 2022. Disponível em: gla.ac.uk/news/archiveofnews/2022/september/headline_ 881944_en.html. Acesso em: 4 nov. 2024.

SOBRE OS AUTORES

Roxanne Pink é compositora e ganhou um disco de platina, tendo escrito três sucessos que estiveram no Top 10 do Reino Unido nos últimos três anos. Além disso, ela é uma artista autoral e faz turnês sob o nome de RØRY. Rox foi diagnosticada com TDAH em 2021, uma descoberta que foi realmente transformadora! Como a metade neurodivergente de @ADHD_Love, ela adora ajudar outras pessoas a alcançar a mesma aceitação que encontrou. Atualmente, Rox está abstêmia (sóbria de álcool e outras substâncias) há cinco anos e meio.

Richard Pink é a metade neurotípica do @ADHD_Love, onde acumulou mais de 200 milhões de visualizações no mundo todo para aumentar a conscientização sobre o TDAH. Ele é pai de Seer e Lillie. Com uma carreira de vinte anos como líder em um dos maiores bancos do Reino Unido, Richard tem vasta experiência em gerenciar equipes diversificadas e ajudar colegas a alcançar seu potencial. Ele e Rox vivem em Sevenoaks com a família.

Este livro foi impresso pelo Lar Anália Franco (Grafilar)
em fonte ITC Souvenir Std sobre papel Ivory Bulk LD 65 g/m²
para a Edipro no outono de 2025.